TTT速習シリーズ

TOEIC® L&Rテスト
ボキャブラリー
ブースター

はじめに

「定着を『速く』」、「理解を『深く』」、「スコアを『高く』」の３つのブースター、完成！

TOEICのスコアアップのために、語彙力の向上は欠かせません。一方で、うまく語彙学習ができていない方も多いのが現状です。「暗記したのに聞ける／読めるようにならない」とか、「スコアに繋がらない」という悩みも少なくありません。

私自身の130回以上にわたるTOEIC受験経験や15年以上にわたるTOEIC指導経験から、そういった悩みを持っている方のために本書を作成しました。語彙が「効率的」に身に付き、習得した語彙が「効果的」にスコアアップに繋がる仕掛けを盛り込みました。

以下が、語彙習得とスコアアップを実現させるための４つのアプローチです。

1. 厳選を重ねた語彙を掲載

語彙力の向上を成功させるために重要なのは、「ムリなく」「ムダなく」です。私が学習者に向けて10年以上、毎日配信しているメルマガの英語フレーズ５つ（のべ約１万4,000個の中）から、TOEICのスコアアップに必要な1,000個を厳選しました。

2. 頻出フレーズでの学習

単語の意味だけ覚えても、使い方がわからなければ身についたとは言えません。そのため、本書では頻出・重要語をTOEIC頻出フレーズの形で掲載しています。フレーズでの学習は、Part 5の文法問題や語彙問題にもつながるほか、英語の処理スピードを向上させるなど、多くのメリットがあります。

3. TOEIC頻出シーンの3-in-1センテンス

本書では、３つのフレーズが含まれた英文とともに学習を進めるので、文脈の中で重要表現を学ぶことができます。TOEICによく出るテーマに基づいた短いストーリー展開の中で単語やフレーズに触れることで、試験に頻出する場面に慣れながら、リスニング力やリーディング力のスキルアップと語彙力強化を同時に行えます。

4. スコアアップに繋がる豊富な解説

語源や、文法、TOEICの出題方法に関する知識など、英語力・スコアアップに直結する豊富な解説を掲載しています。学習した内容がどのようにテストに活きてくるのかの参考にしていただけます。

本書が皆さんの日々の学習の良きパートナーとなり、語彙力とスコアを爆上げさせ、目標達成のお役に立てることを願っています。

早川幸治

TOEIC® L&Rテスト ボキャブラリーブースター

CONTENTS

本書の構成と使い方

各Unitの構成

● TOEICの必修語を凝縮した「1,000の頻出フレーズ」と、それを含む「200の3-in-1センテンス」が、1〜20のUNITに掲載されています。各回のテーマは対応力を養うため、TOEICの本番の試験ように、ランダムに出現するように構成されています。

● 各UNITの終わりに、Quick Checkが掲載されています。

学習ページの構成 （右ページの番号と対応）

❶ Booster番号

1回分の学習単位の通し番号を示します。1Unitにつき10回分が含まれています。

❷ タイトル

テーマとなる場面設定を示します。TOEICの頻出シーンに基づいています。

❸ 音声情報

対応するトラック番号と、ナレーターの出身国を示します。本書にはアメリカ・イギリス・オーストラリア・カナダの4カ国の英語音声が収録されています。

❹ 3-in-1センテンス

3つの頻出フレーズが含まれた英文。ストーリー展開のある3文で構成されています。

❺ 出題形式アイコン

センテンスの想定されるTOEICでの出題形式を簡潔に示します。

❻ 頻出フレーズ

フレーズとその日本語の意味、発音記号が掲載されています。発音記号は米国式を基本とし、米英で発音が大きく異なるものは英国式の記号を併記しています。

❼ フレーズ解説

フレーズに関する解説が掲載されています。フレーズに含まれる語句の派生語や関連語、用例、関連フレーズも掲載されています。関連語に対して使われる記号は以下の通りです。

　　　　他：他動詞　　　自：自動詞　　　名：名詞　　　　形：形容詞

　　　　副：副詞　　　　接：接続詞　　　前：前置詞

❽ Boost-Up

テーマになっている場面設定で頻出のフレーズとフレーズ解説が2つ掲載されています。

❾ Score-Up Booster

学習内容をTOEICのスコアアップに結びつける知識が掲載されています。

❶ ❷ ❸

Booster 031 建築スケジュールに関するEメール 🔊 064-065 🇺🇸

❺ ✉ Eメール

It has been hard to ₁adhere to the construction schedule. ◀━━ ❹
Therefore, I will ₂contact the client to discuss the matter.
Hopefully, we will be able to ₃reach an agreement on a new
completion deadline.

①建築予定に従うことが難しくなっています。だからこの件について話し合うために、②顧客に連絡します。新たな完成期限について、③合意に達することができるといいのですが。

❻ ── ☐ **adhere to a schedule** [ædhíər tə ə skédʒuːl(ʃédjuːl)]
　　　予定に従う
　　　🖊 adhere to ~ で「~(予定・規則など)に従う」の意味。followの同義語。 ◀━━ ❼
　　　☐ adhere to rules　ルールを厳守する

　　☐ **contact a client** [kántækt ə kláiənt]
　　　顧客に連絡する
　　　🖊 contactは他動詞「~に連絡する」も、名詞「問い合わせ先、連絡先」も同じ形。
　　　☐ contact information　連絡先の情報

　　☐ **reach an agreement** [ríːtʃ ən əgríːmənt]
　　　合意に達する
　　　🖊 agreementは「合意、協定」という意味の名詞。
　　　☐ agree　[自]同意する

❽ ── **Boost-Up**

　　☐ **work overtime** [wə́ːrk óuvərtàim]
　　　残業する
　　　🖊 overtimeは「時間外に」という意味の副詞。同じ形で名詞「残業」の意味もある。
　　　☐ overtime wage　残業手当

　　☐ **be based on the criteria** [biː béisd ɑn ðə kraitíəriə]
　　　基準に基づく
　　　🖊 be based on ~で「~に基づく」の意味。criteriaはcriterion (基準) の複数形。

Score-Up Booster

❾ ── Therefore (だから) やHowever (しかし)、Additionally (さらに) のように話を展開する語
　　をヒントにその後の流れを推測すれば、ストーリーを理解しやすくなり、文脈が記憶に残りやすくなる。

赤シート

進捗メーター

Quick Check の構成 （右ページの番号と対応）

❶ 通し番号

❷ 設問

訳語と、重要語句が穴埋めになった状態のフレーズがランダムに掲載されています。問いの語句はヒントとして頭文字だけが表示されています。

❸ 解答

穴埋めになった箇所に入る語句が掲載されています。赤シートを使って、この部分を隠しながら確認しましょう。

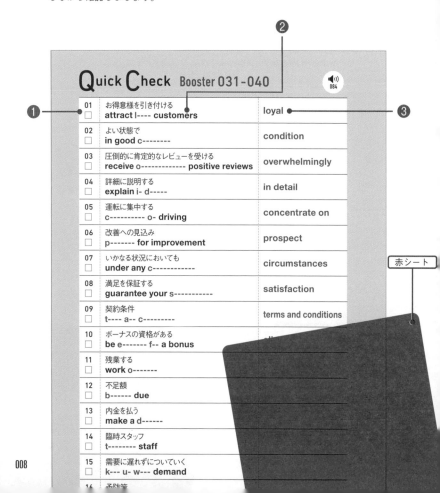

音声コンテンツの種類

本書に対応する音声コンテンツは、用途別に3種類あります。
アメリカ・イギリス・オーストラリア・カナダの4カ国の英語音声が収録されています。

音声❶ センテンス音声

[Booster番号➡センテンス]

●学習ページに掲載されているセンテンスの読み上げ音声です。掲載フレーズに確認や、リスニングパートの対策にも最適です。

音声❷ フレーズ音声

[見出しフレーズ➡見出しフレーズの訳➡ポーズ]

●学習ページに掲載されている5つの見出しフレーズの読み上げ音声です。発音と訳の確認ができます。

音声❸ Quick Check音声

[通し番号➡見出しフレーズの訳➡ポーズ➡見出しフレーズ]

●各Unitの終わりに掲載されているQuick Check対応音声です。クイックレスポンスや、試験直前の確認に最適です。

本書に対応する音声（MP3形式）は、全て無料でご利用いただけます。専用アプリを用いてスマートフォンからのご利用する方法、もしくはダウンロードセンターからパソコンにダウンロードする方法があります。詳しくは次ページをご覧ください。

音声コンテンツの使い方

本書に対応する音声コンテンツは、スマートフォン、またはPCからご利用いただけます。

スマホで利用する場合

STEP ❶ ▶ boocoをインストール！

App Store / Google Play で「booco」と検索してアプリをダウンロードしてください。

STEP ❷ ▶ アプリ内で本書を検索！

本書の書名『TOEIC® L&Rテスト ボキャブラリーブースター』または、商品コード「7023024」で検索してください。

STEP ❸ ▶ 音声コンテンツを使おう！

「音声」タブから聞きたい音声を選択しましょう。

PCで利用する場合

STEP ❶ ▶ アルクダウンロードセンター（https://portal-dlc.alc. co.jp/）にアクセス

STEP ❷ ▶ 本書の書名または商品コード「7023024」で検索

STEP ❸ ▶ 必要なコンテンツをPC上にダウンロードし、zipファイルを解凍

※ダウンロードしたファイルを解凍ソフトで展開した上でご使用ください。

本サービスの内容は、予告なく変更する場合がございます。あらかじめご了承ください。

TOEIC® L&Rテスト
ボキャブラリーブースター

Unit 1

お知らせ

You can ①apply for a position at Alphacorp by visiting the Web site. Please fill out an online ②application form there. You can also upload your résumé and ③provide a list of references.

アルファコーポでの①職に応募するには、ウェブサイトにアクセスしてください。そこでオンライン上の②応募用紙に必要事項を記入してください。続いて履歴書をアップロードし、③照会先のリストを提供してください。

□ **apply for a position** [əplái fɔ́:r ə pəzíʃən]
職に応募する

⌀ apply for ~ で「~に応募する、申し込みをする」の意味。
□ applicant 图応募者、申込者

□ **application form** [æpləkéiʃən fɔ́:rm]
応募用紙

⌀ applicationは「応募、申し込み」という意味の名詞。application formは、fill out ~（~に記入する）やcomplete（~にもれなく記入する）とセットでよく使われる。

□ **provide a list of references** [prəváid ə líst əv réfərəntsiz]
照会先のリストを提供する

⌀ referenceは「信用照会先、推薦者」という意味の名詞。応募者をよく知る人物で、推薦してくれる人のこと。
□ reference letter　推薦状

Boost-Up

□ **qualified applicant** [kwáləfàid æplikənt]
資格のある応募者

⌀ qualifyは「~に資格を与える」という意味の他動詞。
□ be qualified for the position　その職に適任である

□ **send your résumé** [sénd júər rézəmèi(rézju:mèi)]
履歴書を送る

⌀ résuméは「履歴書」という意味の名詞。submit your résumé（履歴書を提出する）という形でも頻出。

Score-Up Booster

求人広告には基本的な「型」があり、募集職種→仕事内容→必要条件→応募方法と進むことが多い。また、使われる語句もだいたい決まっているため、最も読みやすいものの1つである。

お知らせ

TRE is looking to ①hire additional employees to fill ②job openings at several of its branches. In particular, it is ③seeking experienced engineers.

TREは複数の支店の②求人数を確保するために①追加の社員を雇うことを検討しています。特に、③経験豊富なエンジニアを募集しています。

☐ **hire additional employees** [háiər ədíʃənl emplóiːz]
追加の社員を雇う
🖋 hireは「～を雇う」という意味の他動詞。recruitやemployなどの同義語も重要。
☐ hiring decision　採用の決定

☐ **job opening** [dʒáb óupəniŋ]
求人
☐ job advertisement　求人広告

☐ **seek experienced engineers** [síːk ikspíəriənst èndʒinírz]
経験豊富なエンジニアを募集する
🖋 seekは「～を探し求める」という意味の他動詞。代わりにlook for ~ を使うことも多い。
☐ look for full-time employees　正社員を募集する

Boost-Up

☐ **conduct an interview** [kándʌkt ən íntərvjùː]
面接を行う
🖋 interviewは「面接」という意味の名詞。面接する人をinterviewer、面接を受ける人をintervieweeという。
☐ face-to-face interview　対面での面接

☐ **probationary period** [proubéiʃənèri píəriəd]
試用期間
🖋 probationaryは「試用中の」という意味の形容詞。probation periodという言い方もある。

Score-Up Booster

社員やスタッフの採用に関する話はリスニング・リーディングともに頻出する。マルチプルパッセージに出題される場合には、応募者が求人広告の必要条件を満たしているかどうかを問われることが多い。

005-006　W: 　M:

会話

W: I'd like to ①place an order for some picture frames.
M: I'm afraid we're ②out of stock.
W: I see. When do you expect to have them back ③in stock?

女性：額縁を①注文したいのですが。
男性：あいにく②在庫が切れています。
女性：そうですか。いつ頃ならまた③在庫がありますか？

☐ **place an order** [pléis ən ɔ́ːrdər]
注文する
🖋 orderは「注文」という意味の名詞。フレーズは動詞orderのみで表すことも可能。

☐ **out of stock** [áut əv sták]
在庫が切れて
🖋 out of ~ で「~が不足して」の意味。
☐ out of time　時間がなくなって

☐ **in stock** [ín sták]
在庫があって
🖋 inには「~の中に」のほか、「~の状態である」の意味もある。
☐ in place　所定の位置に

Boost-Up

☐ **shipping fee** [ʃípiŋ fíː]
送料
🖋 feeは「手数料」という意味の名詞。
☐ handling fee　取扱手数料

☐ **expected delivery date** [ikspéktid dilívəri déit]
配達予定日
🖋 expected ~ で「予定される~」を意味する。

Score-Up Booster

Part 3の会話において、在庫切れの話は多い。その場合、「再入荷する時期」や「手に入る別の店舗」などの話へ発展することが多い。

お知らせ

Maxwell Corporation is conducting ①extensive research to find the reason for its sales slump. There have been more than 5,000 ②survey respondents. It will take weeks to ③analyze the results.

マックスウェル株式会社は同社の販売不振の原因を見つけるために、①大規模なリサーチを行っています。②調査への回答者は5,000人を超えています。③結果を分析するのに、数週間かかる予定です。

☐ **extensive research** [iksténsiv rí:sə:rtʃ]
大規模なリサーチ
🖊 extensiveは「大規模な、広範囲にわたる」という意味の形容詞。
☐ extensive experience　豊富な経験

☐ **survey respondent** [sə́:rvei rispándənt]
調査への回答者
🖊 respondentは「回答者」という意味の名詞。respond／responseをしてくれる人と覚える。
☐ respond　匣回答する　　☐ response　名回答

☐ **analyze the results** [ǽnəlàiz ðə rizʌ́lts]
結果を分析する
🖊 analyzeは「～を分析する」という意味の他動詞。
☐ analysis　名分析　　☐ analyst　名アナリスト

Boost-Up

☐ **change strategies** [tʃéindʒ strǽtədʒiz]
戦略を変更する
🖊 strategyは「戦略、戦術」という意味の名詞。
☐ strategic　形戦略上の

☐ **research method** [rí:sə:rtʃ méθəd]
リサーチ方法
🖊 methodは「方法、手段」という意味の名詞。
☐ method of payment　支払方法

Score-Up Booster

more than ~ は「～を超える」という意味。more than tenは「10を超える」、つまり「11以上」を表す。そのため、more than one「1を超える＝2以上」という表現もあるので注意。

発言

Vandelay Industries will be holding an ①awards ceremony next month. We will be ②recognizing employees for their outstanding achievements. I hope that everyone will ③participate in the event.

ヴァンデレイ・インダストリーズは来月、①授賞式を開催する予定です。卓越した業績の②社員を表彰します。皆さんが③イベントに参加することを願っています。

☐ **awards ceremony** [əwɔ́ːrdz sérəmòuni]
授賞式
🖊 award(s)は「賞」という意味の名詞。

☐ **recognize employees** [rékəgnàiz emplɔ́ii:z]
社員を表彰する
🖊 recognizeは「～を表彰する」という意味の他動詞。「～に気づく」の意味もある。
☐ recognition 名表彰、認識

☐ **participate in the event** [pɑːrtísəpèit ín ði ivént]
イベントに参加する
🖊 participate in ~ で「～に参加する」の意味。joinやtake part in ~ で言い換え可能。
☐ participation 名参加

Boost-Up

☐ **present a plaque** [prizént ə plǽk]
盾を贈る
🖊 presentは「～を贈る」という意味の他動詞。「～を提示する」の意味もある。
☐ present your ticket チケットを提示する

☐ **deserve a promotion** [dizə́ːrv ə prəmóuʃən]
昇進に値する
🖊 deserveは「～に値する」という意味の他動詞。promotion（名昇進）もTOEICに頻出。
☐ deserve a raise 昇給に値する　　☐ get promoted 昇進する

Score-Up Booster

awards ceremonyに関してWhat is the purpose of the talk?（トークの目的は何ですか？）のように目的が問われている場合、正解の選択肢としてTo recognize employees（社員を表彰すること）が登場することもある。

記事

Sunderland Art Gallery is finally ①open to the public. It has a ②permanent exhibition of watercolor paintings on display. Many of the works are by ③prominent artists.

サンダーランド・アートギャラリーがついに①一般公開されています。水彩画の②常設展示があります。多くの作品が、③著名な芸術家によるものです。

☐ **open to the public** [óupən tə ðə pΛblik]
一般公開されている
🖉 publicは「公共の」という意味の形容詞もあるが、the publicの場合は「一般人」を意味する名詞。
☐ closed to the public　非公開で

☐ **permanent exhibition** [pə́:rmənənt èksəbíʃən]
常設展示
🖉 permanentは「常設の、不変の」という意味の形容詞。
☐ special exhibition　特別展

☐ **prominent artist** [prámənənt á:rtist]
著名な芸術家
🖉 prominentは「著名な、卓越した」という意味の形容詞。famousの同義語。

Boost-Up

☐ **on display** [án displéi]
展示されて
🖉 店の商品について「陳列されて」の意味で使われることもある。
☐ display　他〜を展示する、陳列する

☐ **watercolor painting** [wá:tərkΛlər péintiŋ]
水彩画
🖉 TOEICに美術館に関する話は頻出する。
☐ oil painting　油絵

Score-Up Booster

worksのようにworkにsがつくと、「作品」を意味し、芸術関係の話に多く登場する。なお、美術館はPart 1からPart 7まで頻繁に登場する。

発言

We have just ①launched a new line of products. We are in the process of preparing our customer ②service representatives. Each of them has been provided with a sample of the ③newly released item.

当社は①新製品を発売したばかりです。現在、顧客②サービス担当者の準備を進めているところです。各自に、③新たに発売された商品の見本が配布されています。

☐ **launch a new line of products** [lɔ́ːntʃ ə njúː láin əv prɑ́ːdʌkts]
新製品を発売する
🔥 launchは「〜を発売する」という意味の他動詞。「〜に着手する」の意味もある。
☐ newly launched product　新たに発売された商品

☐ **service representative** [sə́ːrvis rèprizéntətiv]
サービス担当者
🔥 representativeは「担当者、代表者」という意味の名詞。sales representative（営業担当者）も頻出。
☐ represent　他〜の代表を務める

☐ **newly released item** [njúːli rilíːst áitəm]
新たに発売された商品
🔥「副詞＋形容詞（分詞）＋名詞」の語順はよく出る。

Boost-Up

☐ **sufficient budget** [səfíʃənt bʌ́dʒit]
十分な予算
🔥 sufficientは「十分な、足りる」という意味の形容詞。enoughの同義語。

☐ **extend business hours** [iksténd bíznis aurz]
営業時間を延長する
🔥 extendは「〜を延長する」という意味の他動詞。それとは別に、extend an invitation（招待する）のような使い方もある。
☐ extension　名延長、拡張、内線

Score-Up Booster

Each of themの主語はEach（単数）のため、対応する動詞はhas been providedのようにhaveではなくhas。of themはEachに対する詳細であり主語ではない。Part 5で、主語と動詞が離れている場合の正しい動詞の見極めが問われることがある。

会話

M: I think we have too many ①office supplies.

W: We should ②take inventory before we order anything in the future.

M: I'll ask Peter to ③reduce the amount we order each month.

男性：①オフィス用品が多すぎるんじゃないかと思います。

女性：今後は何かを注文する前に、②在庫調べをするべきですね。

男性：ピーターに、毎月注文する③量を減らすように言っておきます。

☐ **office supplies** [ɔ́:fis səpláiz]

オフィス用品

🖉 supplyは「備品」という意味の名詞で、しばしば複数形で使われる。penやfolderなどをoffice suppliesと言い換え可能。

☐ **take inventory** [téik ínvəntɔ̀:ri]

在庫調べをする

🖉 inventoryは「在庫品」という意味の名詞。棚卸の話などで登場する。

☐ conduct an inventory　在庫チェックを行う

☐ **reduce the amount** [ridjú:s ði əmáunt]

量を減らす

🖉 reduceは「～を減らす」という意味の他動詞。コストや負荷を減らす際によく使われる。

☐ reduction　图削減

Boost-Up

☐ **stock shelves** [stάk ʃélvz]

棚に商品を補充する

🖉 コンビニやスーパーの店員が商品を補充しているイメージ。stockは「～を補充する、蓄える」という意味の他動詞。

☐ **identification number** [aidèntifəkéiʃən nʌ́mbər]

識別番号

🖉 order number（注文番号）など固有の番号のこと。identificationは「識別、身元確認」という意味の名詞。

Score-Up Booster

何かを追加したり削減したりする決定はビジネスにつきもの。問題点や決定内容をしっかりと聞き取ることが理解のカギになる。

Last week, you ①purchased furniture from our Web site. Unfortunately, we shipped a ②defective item. We would like to ③extend an apology.

Eメール

先週、弊社ウェブサイトより①家具を購入されました。申し訳ないことに、②不良品を発送してしまいました。③謝罪いたします。

□ **purchase furniture** [pə́ːrtʃəs fə́ːrnitʃər]
家具を購入する
🖉 furnitureは「家具」という意味の名詞。集合的に家具一式を表す不可算名詞。

□ **defective item** [diféktiv áitəm]
不良品
🖉 defectiveは「欠陥のある」という意味の形容詞。
□ defect 〔名〕欠陥（品）

□ **extend an apology** [iksténd ən əpálədʒi]
謝罪する
🖉 extendは「～を延長する」のほかに、このように「～を示す」の意味もある。
□ extend our appreciation　感謝の意を表する

Boost-Up

□ **ship an item** [ʃíp ən áitəm]
商品を発送する
🖉 shipは「～を発送する」という意味の他動詞。船以外での発送にも使える。
□ shipment 〔名〕発送

□ **apologize for the inconvenience**
[əpálədʒàiz fɔ́ːr ði ìnkənvíːnjəns]
不便に対して謝罪する
🖉 apologize for ~ で「～のことで謝る」の意味。
□ apology 〔名〕謝罪

Score-Up Booster

発送に関して起こる問題は「不良品」や「部品が足りない」のほか、「到着の遅れ」などが多い。設問にもWhat problem does the speaker mention?（どんな問題を話し手は述べているか）などが出る。

報道

BGO Corporation held a ①press conference yesterday. The company president ②made an official announcement about his retirement. He used the opportunity to ③introduce the new CEO.

BGO株式会社は昨日、①記者会見を開きました。社長が自らの辞任について②公式発表をしたのです。彼はこの機会を使って、③新しいCEOを紹介しました。

☐ **press conference** [prés kánfərəns]
記者会見
 🖊 conferenceは「会議」という意味の名詞。

☐ **make an official announcement** [méik ən əfíʃəl ənáunsmənt]
公式発表をする
 🖊 announcementは「発表、公表」という意味の名詞。
 ☐ announce 他〜を発表する、告知する

☐ **introduce the new CEO** [ìntrədjú:s ðə njú: sì:i:óu]
新しいCEOを紹介する
 🖊 introduceは「〜を紹介する」という意味の他動詞。
 ☐ introduction 名紹介

Boost-Up

☐ **intended audience** [inténdid ɔ́:diəns]
対象となる聴衆
 🖊 intendedは「〜に向けた、〜を対象とした」という意味。
 ☐ be intended for ~ 〜を対象としている

☐ **appreciate your cooperation** [əprí:ʃièit júər kouàpəréiʃən]
協力に感謝する
 🖊 appreciateは「〜に感謝する」という意味の他動詞。
 ☐ appreciation 名感謝

Score-Up Booster

CEOやマネージャーの就任や退任など、人事異動(personnel change)に関するトピックは多い。Part 3、4では、該当する人物の業績や経験などの聞き取りがしばしば求められる。

Quick Check Booster 001-010

01 ☐	大規模なリサーチ e-------- **research**	extensive
02 ☐	新たに発売された商品 **newly** r------- **item**	released
03 ☐	不良品 d-------- **item**	defective
04 ☐	展示されて o- d------	on display
05 ☐	不便に対して謝罪する a-------- f-- **the inconvenience**	apologize for
06 ☐	昇進に値する d------ **a promotion**	deserve
07 ☐	棚に商品を補充する s---- **shelves**	stock
08 ☐	経験豊富なエンジニアを募集する s--- **experienced engineers**	seek
09 ☐	オフィス用品 **office** s-------	supplies
10 ☐	対象となる聴衆 i------- **audience**	intended
11 ☐	在庫調べをする **take an** i--------	inventory
12 ☐	資格のある応募者 q-------- **applicant**	qualified
13 ☐	在庫があって i- s----	in stock
14 ☐	商品を発送する s--- **an item**	ship
15 ☐	戦略を変更する **change** s---------	strategies
16 ☐	面接を行う **conduct an** i--------	interview

17 ☐	家具を購入する **purchase f--------**	furniture
18 ☐	公式発表をする **make an official a-----------**	announcement
19 ☐	謝罪する **extend an a------**	apology
20 ☐	水彩画 **w--------- painting**	watercolor
21 ☐	サービス担当者 **service r-------------**	representative
22 ☐	常設展 **p-------- exhibition**	permanent
23 ☐	盾を贈る **p------ a plaque**	present
24 ☐	社員を表彰する **r-------- employees**	recognize
25 ☐	調査への回答者 **survey r---------**	respondent
26 ☐	リサーチ方法 **research m-----**	method
27 ☐	送料 **shipping f--**	fee
28 ☐	照会先のリストを提供する **provide a list of r---------**	references
29 ☐	識別番号 **i------------- number**	identification
30 ☐	応募用紙 **a----------- form**	application
31 ☐	著名な芸術家 **p-------- artist**	prominent
32 ☐	求人 **job o------**	opening
33 ☐	結果を分析する **a------ the results**	analyze

34 ☐	量を減らす r----- the amount	reduce
35 ☐	注文する place an o----	order
36 ☐	営業時間を延長する e----- business hours	extend
37 ☐	新しいCEOを紹介する i-------- the new CEO	introduce
38 ☐	記者会見 press c----------	conference
39 ☐	職に応募する a---- f-- a position	apply for
40 ☐	イベントに参加する p---------- i- the event	participate in
41 ☐	配達予定日 e------- delivery date	expected
42 ☐	追加の社員を雇う h--- additional employees	hire
43 ☐	協力に感謝する a--------- your cooperation	appreciate
44 ☐	一般公開されている o--- t- the public	open to
45 ☐	十分な予算 s--------- budget	sufficient
46 ☐	授賞式 a----- ceremony	awards
47 ☐	履歴書を送る send your r-----	résumé
48 ☐	試用期間 p----------- period	probationary
49 ☐	在庫が切れて o-- o- s----	out of stock
50 ☐	新製品を発売する l----- a new line of products	launch

TOEIC® L&Rテスト
ボキャブラリーブースター

Unit 2

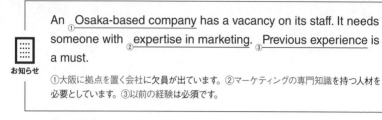

お知らせ

An ①<u>Osaka-based company</u> has a vacancy on its staff. It needs someone with ②<u>expertise in marketing</u>. ③<u>Previous experience is a must.</u>

①大阪に拠点を置く会社に欠員が出ています。②マーケティングの専門知識を持つ人材を必要としています。③以前の経験は必須です。

☐ **Osaka-based company** [ósáka béisd kʌ́mpəni]
大阪に拠点を置く会社
🔥 ~-basedで「～に拠点を置く」を意味する。
☐ be based in Osaka　大阪に拠点を置いている

☐ **expertise in marketing** [èkspərtíːz ín máːrkitiŋ]
マーケティングの専門知識
🔥 expertiseは「専門知識」という意味の名詞。expert（専門家）が持つ知識や技術のこと。発音に注意。

☐ **previous experience** [príːviəs ikspíəriəns]
以前の経験
🔥 previousは「以前の」という意味の形容詞。接頭辞pre-には「前」の意味がある。
☐ prior experience　以前の経験

Boost-Up

☐ **human resources department** [hjúːmən ríːsɔ̀ːrsiz(rizɔ́ːsiz) dipáːrtmənt]
人事部
🔥 HR departmentと略されることもある。human resourceで「人事」の意味。
☐ personnel department　人事部

☐ **undergo intensive training** [ʌ̀ndərgóu inténsiv tréiniŋ]
短期集中トレーニングを受ける
🔥 undergoは「～を受ける、経験する」という意味の他動詞。

Score-Up Booster

求人に関するトピックでは、必要条件が問われることが多い。Part 7で登場する際には、必要条件がNOT問題として出されることが多く、書かれている必要条件を消去しながら書かれていないものを特定することが求められる。

024-025

発言

We intend to ①comply with the regulations introduced this week.
They require us to ②share information about waste
management. All employees should ③consult the manual and
make themselves familiar with the new procedures.

わが社は今週導入された①規則に従います。廃棄物管理に関する②情報を共有することが
求められています。新しい手順に慣れるよう、全従業員が③マニュアルを調べるようにしてく
ださい。

☐ **comply with the regulations** [kəmplái wíð ðə règjəléiʃənz]
規則に従う
✏ comply with ~ で「~に従う」の意味。後ろには規則関係の語句が続く。
☐ comply with the standards [guidelines]　基準 [指針] に従う

☐ **share information** [ʃéər ìnfərméiʃən]
情報を共有する
✏ shareは「~を共有する」という意味の他動詞。

☐ **consult the manual** [kənsʌ́lt ðə mǽnjuəl]
マニュアルを調べる
✏ consult (with) ~ で「~を調べる」という意味。人に相談する場合にも使うことができ
る。
☐ consult with the doctor　医者に診てもらう

Boost-Up

☐ **be familiar with the procedures** [bí: fəmíljər wíð ðə prəsí:dʒərz]
手順に精通している
✏ be familiar with ~ で「~に精通している」の意味。be familiar to ~（~によく知ら
れている）と混同しないよう注意。
☐ familiarity [名]精通　☐ familiarize [他]~に熟知させる、~を普及させる

☐ **flexible schedule** [fléksəbl skédʒu:l(ʃédju:l)]
融通の利くスケジュール
✏ flexibleは「柔軟な、融通の利く」という意味の形容詞。

Score-Up Booster

規則関係の話題はリスニング・リーディングともに頻出する。変更点や強調されている点などが
設問で問われることが多い。

放送

> The departure of Flight RT323 has been delayed <u>due to</u>
> ①
> mechanical trouble. Boarding will take place about ten minutes
> <u>behind schedule</u>. However, the flight should <u>arrive on time</u> in
> ②　　　　　　　　　　　　　　　　　　　　　　　③
> Los Angeles.
>
> RT323便の出発は①機械トラブルのため遅れております。②ご搭乗は予定より10分ほど
> 遅れて開始されます。ですが、ロサンゼルスには③時間通りに到着すると見込まれておりま
> す。

☐ **due to mechanical trouble** [djúː tə mikǽnikəl trʌ́bl]
機械トラブルのため
　🖉 due to ~ で「~のため~が原因で」の意味。because of ~ の同義語。

☐ **behind schedule** [biháind skédʒuːl(ʃédjuːl)]
予定より遅れて
　🖉 遅れている時間を含める際は、ten minutes behind scheduleのように直前に時間
　を表す語句を置く。

☐ **arrive on time** [əráiv án táim]
時間通りに到着する
　🖉 on timeは「時間通りに」、in timeは「時間内に」。
　☐ finish the test in time　時間内にテストを終える

Boost-Up

☐ **in-flight meal** [ín fláit míːl]
機内食
　🖉 in-flightは「機内の、飛行中の」という意味の形容詞。
　☐ in-flight magazine　機内誌

☐ **unexpected problem** [ʌnikspéktid prábləm]
予期せぬ問題
　🖉 unexpectedは「予期しない」という意味の形容詞。接頭辞un-は「~できない」の意味。

Score-Up Booster

交通機関や機械のトラブルの話は頻出する。設問で問われるのは、「トラブルが発生した場所や
物」のほか、「原因」や「提案」などが多い。

お知らせ

The new office ①is conveniently located. It is ②within walking distance of Carpenter Station. People coming by car can ③park at a nearby parking lot.

新オフィスは①便利な場所にあります。カーペンター駅の②徒歩圏内です。自動車で出社する人は、③近くの駐車場に駐車することができます。

☐ **be conveniently located** [bí: kənví:njəntli lóukeitid]
便利な場所にある
🖊 be locatedで「〜にある、位置する」の意味。be situatedで言い換え可能。
☐ be situated in Tokyo　東京に位置している

☐ **within walking distance** [wiðín wɔ́:kiŋ dístəns]
徒歩圏内で
🖊 withinは「〜以内に」の意味がある前置詞。時間的・距離的範囲について使われる。
☐ within two business days　2営業日以内に

☐ **park at a nearby parking lot** [pá:rk ət ə nìərbái pá:rkiŋ lát]
近くの駐車場に駐車する
🖊 nearbyは「近くの、隣接する」という意味の形容詞。nearby store（近くの店）や nearby restaurant（近くのレストラン）のように名詞を修飾する。

Boost-Up

☐ **across from the station** [əkrɔ́:s frʌ́m ðə stéiʃən]
駅の向かいに
🖊 across from 〜 で「〜の向かいに」の意味。対面にあることを指し、Part 1ではしばしば向かい合って座っている人々の描写に登場する。

☐ **adjacent to the post office** [ədʒéisnt tə ðə póust ɔ́:fis]
郵便局に隣接した
🖊 adjacent to 〜 で「〜に隣接した」の意味。next to 〜 の同義語。
☐ right next to the library　図書館のすぐ隣に

Score-Up Booster

Part 5の品詞問題では、be ------- locatedのように受動態の間に入る副詞が問われることも多い。

会話

W: I need to ①collect information about possible sites for our new office.

M: When will you ②inform the employees that we're moving?

W: Not until we have a ③unanimous agreement about the new location.

女性：新しいオフィスの候補地について①情報を集める必要があります。
男性：引っ越すことを、いつ②社員に伝えるつもりですか？
女性：新しい場所について、③全会一致での同意を得られてからですね。

☐ **collect information** [kəlékt ìnfərméiʃən]
情報を集める
  ✎ collectは「〜を集める、収集する」という意味の他動詞。

☐ **inform employees** [infɔ́:rm emplɔ́i:z]
社員に伝える
  ✎ informは「〜に伝える」という意味の他動詞。inform 〜 of ... の形でも頻出。
  ☐ inform the employees of the updates　最新情報を従業員に知らせる

☐ **unanimous agreement** [ju:nǽnəməs əgrí:mənt]
全会一致での同意
  ✎ unanimousは「全会一致の」という意味の形容詞。接頭辞una-/uno-/uni-は「1」の意味。uniform（制服）やunit（1組）も「1」から派生した語。

Boost-Up

☐ **work on a document** [wə́:rk án ə dákjumənt]
資料に取り組む
  ✎ work on 〜 で「〜に取り組む」の意味。ほかにも「〜を修理する」「〜で作業する」「〜を改善する」のように幅広く使える。

☐ **publicize the findings** [pʌ́bləsàiz ðə fáindiŋz]
研究結果を公表する
  ✎ publicizeは「〜を公表する」という意味の他動詞。-izeは「〜化する」を意味する。ほかに、realize（〜を現実化する）やorganize（〜を組織化する）などがある。

Score-Up Booster

Not until ...（…までない）はPart 2の応答としても頻出。When will the order arrive?（注文品はいつ到着しますか）に対し、Not until next week.（来週までない）のように使われる。

M: I'm ①writing a product review of these two detergents.

W: Was it easy to ②make a comparison?

M: ③To a certain degree.

会話

男性：この二つの洗剤の①製品レビューを書いています。

女性：②比較するのは簡単でしたか？

男性：③ある程度は。

□ **write a product review** [ráit ə prádʌkt rivjú:]

製品レビューを書く

🖉 product reviewのほか、book review（書評）やmovie review（映画のレビュー）なども出題される。

□ **make a comparison** [méik ə kəmpǽrisn]

比較する

🖉 comparisonは「比較」という意味の名詞。フレーズは動詞compareで言い換え可能。

□ **comparable** 形比較に値する　同等の

□ **to a certain degree** [tə ə sə́:rtn digrí:]

ある程度は

🖉 certainは「ある程度の、ある種の」という意味の形容詞。degreeは「程度」を表す名詞。

Boost-Up

□ **get immediate feedback** [gét imí:diət fí:dbæk]

すぐのフィードバックを得る

🖉 immediateは「すぐの、即座の」という意味の形容詞。「直属の」の意味もある。

□ immediate supervisor　直属の上司

□ **order confirmation e-mail** [ɔ́:rdər kɑnfərméiʃən í:meil]

注文確認のメール

🖉 confirmationは「確認」という意味の名詞。

□ confirm 他〜を確認する

Score-Up Booster

レビューに関する話題は、Part 7に頻出する。商品やサービスの特徴や比較などの理解が求められる。

会話

W: I am going to ①interview the author of *Forgotten Times*.
M: Has the publisher sent you ②a copy of the book?
W: Yes. They're ③launching a promotional campaign across the United States.

女性：『忘れられた時間』の①著者にインタビューする予定です。
男性：出版社はその②本を一冊送ってきましたか?
女性：はい。全米で③販売促進キャンペーンを開始するようです。

☐ **interview the author** [íntərvjùː ði ɔ́ːθər]
著者にインタビューする
🖊 authorは「著者」という意味の名詞。同義語にwriter (執筆者、書き手) がある。

☐ **a copy of the book** [ə kápi əv ðə búk]
本一冊
🖊 copyは「コピーしたもの」ではなく、本や雑誌の1冊の意味。

☐ **launch a promotional campaign** [lɔ́ːntʃ ə prəmóuʃənəl kæmpéin]
販売促進キャンペーンを開始する
🖊 promotionalは「販売促進の、宣伝の」という意味の形容詞。
☐ promotion [名]販売促進   ☐ promote [他]〜の販売促進をする

Boost-Up

☐ **publish a book** [pʌ́bliʃ ə búk]
本を出版する
🖊 publishは「〜を出版する」という意味の他動詞。
☐ publisher [名]出版社

☐ **experienced editor** [ikspíəriənst édətər]
経験豊富な編集者
🖊 editorは「編集者」という意味の名詞。
☐ edit [他]〜を編集する   ☐ editorial staff 編集スタッフ

Score-Up Booster

Part 4では著者へのインタビューのほか、朗読会 (reading) や著書のサイン会 (book signing) などのイベントに関する話題も多い。

会話

W: Did you ①reserve a seat on the train?

M: Yes, I'm ②taking an express train to Tokyo at 1:00 P.M.

W: Will that give you enough time to ③walk to the station?

女性：電車の①席を予約しましたか？

男性：はい、午後1時発の東京行き②急行に乗る予定です。

女性：③駅まで歩く時間はありますか？

☐ **reserve a seat** [rizéːrv ə síːt]

席を予約する

⌀ reserveは「～を予約する」という意味の他動詞。フレーズはbook a seatと言い換え可能。

☐ reservation 名名詞

☐ **take an express train** [téik ən iksprés tréin]

急行に乗る

⌀ 「急行」はexpress train、「各駅停車」はlocal train。

☐ **walk to the station** [wɔ́ːk tə ðə stéiʃən]

駅まで歩く

⌀ walk to ~ で「～まで歩く」。車で行く場合はdrive to the staionという。

Boost-Up

☐ **frequent bus services** [fríːkwənt bʌs sə́ːrvisiz]

頻繁なバスの運行

⌀ frequentは「頻繁な、たびたびの」という意味の形容詞。またserviceは、このように バスなどの「運行、便」を表すことにも注意。

☐ frequency 名頻度

☐ **train fare** [tréin féər]

電車運賃

⌀ fareは乗り物の「運賃」のこと。bus fareといえばバス運賃。

Score-Up Booster

電車やバス、飛行機など、交通機関での会話やアナウンスは頻出する。予約の変更や遅延状況 など、冒頭を聞き取ることで素早く概要を理解したい。

会話

W: We're ① boarding the train at 7:00 A.M.

M: We'll arrive in Seattle by 10:00 A.M. unless there's an ② unforeseen delay.

W: We're ③ using public transportation, so it should be OK.

女性：午前7時の①電車に乗る予定です。
男性：②予期せぬ遅れでもない限り、午前10時までにはシアトルに着きそうですね。
女性：③公共交通機関を使うから、大丈夫だと思いますよ。

☐ **board a train** [bɔ́:rd ə tréin]
電車に乗る
🖉 board は「〜に乗り込む」という意味の他動詞。board a bus（バスに乗る）やboard an airplane（飛行機に乗る）などもよく使われる。
☐ boarding 名搭乗、乗車　　☐ boarding pass　搭乗券

☐ **unforeseen delay** [ʌnfɔ:rsí:n diléi]
予期せぬ遅れ
🖉 unforeseen は「予期できない」という意味の形容詞。un-（できない）、fore（前）、-seen（見る）で構成されている。

☐ **use public transportation** [júːz pʌ́blik trænspərtéiʃən(trænspɔːtéiʃən)]
公共交通機関を使う
🖉 transportation は「交通機関、輸送」という意味の名詞。

Boost-Up

☐ **be subject to change** [bí: sʌ́bdʒekt tə tʃéindʒ]
変更となる可能性がある
🖉 be subject to 〜 で「〜になる場合がある」の意味。to の直後は名詞なので注意。

☐ **adjust a schedule** [ədʒʌ́st ə skédʒuːl(ʃédjuːl)]
予定を調整する
🖉 adjust は「〜を調整する」という意味の他動詞。
☐ adjustment 名調整

Score-Up Booster

会話内容とは裏腹に、TOEICではpublic transportationはよく遅れる。しかし、遅れるからこそアナウンスや会話の必要性が生まれるといえる。遅れの原因のほとんどは、bad weather（悪天候）かmechanical trouble（機械トラブル）である。

Thank you for ①making a purchase from Nileways.com. You can use our Web site to check on the ②shipping status of your order. Please return any faulty items ③within the warranty period.

Eメール

ナイルウェイズ・ドットコムで①購入していただき、ありがとうございます。ご注文の②運送状況は、ウェブサイトでご確認いただけます。欠陥品がありましたら、③保証期間内にご返品ください。

☐ **make a purchase** [méik ə pə́:rtʃəs]
購入する
🖉 purchaseは「購入」という意味の名詞。フレーズは動詞purchaseだけでも同じ意味。

☐ **shipping status** [ʃípiŋ stéitəs(stǽtəs)]
運送状況
🖉 statusは「状況、状態」という意味の名詞。
☐ order status　注文状況

☐ **within the warranty period** [wiðín ðə wɔ́:rənti píəriəd]
保証期間内で
🖉 warrantyは「保証、保証書」という意味の名詞。
☐ under warranty　保証期間内で

Boost-Up

☐ **method of payment** [méθəd əv péimənt]
支払方法
🖉 銀行振込やクレジットカード払いなどを選ぶ際に使われる。paymentは「支払い、支払額」という意味の名詞。

☐ **compensate for the damage** [kámpənsèit fɔ́:r ðə dǽmidʒ]
損害を補償する
🖉 compensate for ~ で「~を補償する、償う」の意味。make up for the damage（損害を補償する）ということもできる。
☐ compensation　名補償

Score-Up Booster

前置詞の後ろには名詞または名詞句を置くルール。Thank you for making a purchase.やThank you for coming.のように、前置詞の後ろには、動詞の原形の代わりに動名詞（動詞＋-ing）を置く。

Quick **C**heck Booster 011-020

01 ☐	販売促進キャンペーンを開始する **launch a p----------- campaign**	promotional
02 ☐	機械トラブルのため **d-- t- mechanical trouble**	due to
03 ☐	製品レビューを書く **write a product r-----**	review
04 ☐	便利な場所にある **be conveniently l------**	located
05 ☐	席を予約する **r------ a seat**	reserve
06 ☐	情報を集める **c------ information**	collect
07 ☐	本を出版する **p------ a book**	publish
08 ☐	社員に伝える **i----- employees**	inform
09 ☐	損害を補償する **c--------- f-- the damage**	compensate for
10 ☐	機内食 **i-------- meal**	in-flight
11 ☐	電車に乗る **b---- a train**	board
12 ☐	公共交通機関を使う **use public t-------------**	transportation
13 ☐	すぐのフィードバックを得る **get i-------- feedback**	immediate
14 ☐	郵便局に隣接した **a------- t- the post office**	adjacent to
15 ☐	ある程度は **to a c------ d-----**	certain degree
16 ☐	購入する **make a p-------**	purchase

17 ☐	全会一致での同意 u-------- agreement	unanimous
18 ☐	大阪に拠点を置く会社 Osaka------ company	based
19 ☐	運送状況 shipping s-----	status
20 ☐	短期集中トレーニングを受ける u------ intensive training	undergo
21 ☐	駅まで歩く w--- t- the station	walk to
22 ☐	電車運賃 train f---	fare
23 ☐	著者にインタビューする interview the a-----	author
24 ☐	予定を調整する a----- a schedule	adjust
25 ☐	以前の経験 p------- experience	previous
26 ☐	徒歩圏内で w----- walking distance	within
27 ☐	手順に精通する be f------- w--- the procedures	familiar with
28 ☐	予定より遅れて b----- schedule	behind
29 ☐	本一冊 a c--- of the book	copy
30 ☐	研究結果を公表する p-------- the findings	publicize
31 ☐	経験豊富な編集者 experienced e-----	editor
32 ☐	融通の利くスケジュール f------- schedule	flexible
33 ☐	支払方法 method of p------	payment

34 ☐	注文確認のメール **order c----------- e-mail**	**confirmation**
35 ☐	駅の向かいに **a----- f--- the station**	**across from**
36 ☐	マーケティングの専門知識 **e-------- in marketing**	**expertise**
37 ☐	近くの駐車場に駐車する **p--- a- a nearby parking lot**	**park at**
38 ☐	時間通りに到着する **arrive o- t---**	**on time**
39 ☐	規則に従う **c----- w--- the regulations**	**comply with**
40 ☐	急行に乗る **take an e------- t----**	**express train**
41 ☐	頻繁なバスの運行 **f------- bus services**	**frequent**
42 ☐	比較する **make a c---------**	**comparison**
43 ☐	情報を共有する **share i----------**	**information**
44 ☐	保証期間内で **within the w------- period**	**warranty**
45 ☐	資料に取り組む **w--- o- a document**	**work on**
46 ☐	予期せぬ問題 **u--------- problem**	**unexpected**
47 ☐	マニュアルを調べる **c------ the manual**	**consult**
48 ☐	予期せぬ遅れ **u--------- delay**	**unforeseen**
49 ☐	人事部 **h---- r-------- department**	**human resources**
50 ☐	変更となる可能性がある **be s------ t- change**	**subject to**

TOEIC® L&Rテスト ボキャブラリーブースター

Unit 3

043-044　W:🇦🇺　M:🇬🇧

会話

W: This apartment ①overlooks the river.
M: And it's ②close to the station.
W: Would you like to ③view the property today?

女性：このアパートは①川を見下ろす位置にあります。
男性：そして②駅に近いですね。
女性：今日③物件を見学したいですか？

☐ **overlook the river** [òuvərlúk ðə rívər]
川を見下ろす

🖋 overlookは「〜を見下ろせる、見渡せる」という意味の他動詞。「〜を見落とす」の意味もあり、overlook errorsで「間違いを見落とす」となる。

☐ **close to the station** [klóus tə ðə stéiʃən]
駅に近い

🖋 close to 〜 で「〜に近い」の意味。反対にfar from the stationは「駅から遠い」。

☐ **view a property** [vjú: ə prápərti(prɔ́pəti)]
物件を見学する

🖋 propertyは「不動産、財産」という意味の名詞。apartmentやhouseなどのこと。

Boost-Up

☐ **real estate agency** [rí:əl istéit éidʒənsi]
不動産業者

🖋 real estateは「不動産」の意味。
☐ realtor 名不動産業者

☐ **rent an apartment** [rént ən əpá:rtmənt]
アパート[マンション]を借りる

🖋 rentは「〜を借りる」という意味の他動詞。名詞として使うと「賃貸料」の意味。
☐ monthly rent （ひと月の）家賃

Score-Up Booster

Part 4に、不動産業者からの留守番電話が頻出する。最後は、It won't last long.（長くは残らないでしょう）のような決まり文句で締めて決断を急かすことが多い。

メモ

Mr. Dennis ①submitted a report on his department's monthly spending. The administration office conducted a ②thorough review and found some errors. They asked Mr. Dennis to ③revise the document by the end of the day.

デニスさんが彼の部署の、月間経費に関する①レポートを提出しました。管理室が②徹底的な見直しを行ったところ、いくつか間違いを見つけました。管理室はデニスさんに、今日中に③資料を修正することを求めました。

☐ **submit a report** [səbmít ə ripɔ́:rt]
レポートを提出する
🔥 submitは「〜を提出する」という意味の他動詞。
☐ submission ［名］提出

☐ **thorough review** [θə́:rou(θʌ́rə) rivjú:]
徹底的な見直し
🔥 thoroughは「徹底的な」という意味の形容詞。前置詞throughとの見間違えに注意。

☐ **revise a document** [riváiz ə dɑ́kjumənt]
資料を修正する
🔥 reviseは「〜を修正する、改訂する」という意味の他動詞。
☐ revision ［名］修正、改訂

Boost-Up

☐ **budget proposal** [bʌ́dʒit prəpóuzəl]
予算の提案
🔥 proposalは「提案」という意味の名詞。接尾辞-alで終わる名詞。
☐ propose ［他］〜を提案する

☐ **estimate the cost** [éstəmèit ðə kɔ́:st]
費用を見積もる
🔥 estimateは「〜を見積もる」という意味の他動詞。名詞は同じ形で「見積り」。

Score-Up Booster

ビジネスとレポートは切り離せないため、TOEICにレポートに関する話題は多く、sales report（販売報告書）やfinancial report（財務報告書）のほか、予算や提案書など多岐にわたる。資料作成やレビュー、修正、分析結果などの話題が幅広く出題される。

**電話の
メッセージ**

I have ①received an invoice from Hanson Electricity. It says that
our ②payment is overdue. Unfortunately, we have ③incurred a
late fee.

ハンソン・エレクトリシティーから①請求書を受け取りました。当社の②支払いが延滞して
いるとあります。残念ながら、③延滞料が科せられました。

☐ **receive an invoice** [risíːv ən ínvɔis]
請求書を受け取る
　🖊 invoiceは「請求書」という意味の名詞。レストランの食事代や電気代の請求書には、bill
　が使われる。
　☐ electric bill　電気代の請求書

☐ **payment is overdue** [péimənt iz òuvərdjúː]
支払いが延滞している
　🖊 overdueは「期限の過ぎた」という意味の形容詞。due（期日の）を超える、と覚える。

☐ **incur a late fee** [inkə́ːr ə léit fíː]
延滞料が科せられる
　🖊 incurは「～（損失・罰など）を負う、被る」という意味の他動詞。

Boost-Up

☐ **refundable security deposit** [rifʌ́ndəbl sikjúərəti dipázit]
払い戻し可能な保証金
　🖊 refundableは「払い戻し可能な」という意味の形容詞。
　☐ refund 名返金　☐ refund 他～を返金する

☐ **retain a receipt** [ritéin ə risíːt]
レシートを取っておく
　🖊 retainは「～を持っておく、保持する」という意味の他動詞。keepの同義語。
　☐ retention 名保持

Score-Up Booster

Unfortunatelyや I'm afraid（あいにく）の後には、聞き手にとってネガティブな話題が続く。
重要度が高い情報であるため、設問で問われることも多い。

W: The CEO has ①organized a meeting for Friday afternoon.
M: I've already ②made travel arrangements for Friday.
W: You'll have to ③reschedule your business trip, then.

会話

女性：会長が金曜日の午後の①会議を計画しましたよ。
男性：私はもう金曜日の②出張の手配をしてしまいました。
女性：では、③出張の予定を変更するしかないですね。

☐ **organize a meeting** [ɔ́ːrɡənàiz ə míːtiŋ]
会議を計画する
🖉 organizeは「〜を計画する、組織する」という意味の他動詞。
☐ organization 图組織

☐ **make travel arrangements** [méik trǽvəl əréindʒmənts]
出張の手配をする
🖉 arrangementは「手配、準備」という意味の名詞。ホテルや交通機関の予約やツアーの手配など全般を指す。
☐ arrange 他〜を手配する

☐ **reschedule a business trip** [riskédʒuːl(riʃédjuːl) ə bíznis tríp]
出張の予定を変更する
🖉 rescheduleは「〜の予定を変更する」という意味の他動詞。

Boost-Up

☐ **make an appointment** [méik ən əpɔ́intmənt]
約束する、予約をとる
🖉 appointmentは「(面談などの) 約束、予約」という意味の名詞。Part 3、4で医者の予約や会議の約束などで頻出。

☐ **direct flight to Rio de Janeiro** [dáirekt fláit tə ríːou də ʒənérou]
リオデジャネイロへの直行便
🖉 direct flightは「直行便」の意味。
☐ connecting flight　接続便

Score-Up Booster

TOEICにおいて予定変更は日常茶飯事。「何の予定が変更されるのか」、「変更される原因・理由は何か」などが問われることが多い。

メモ

Ms. Olsen had a meeting with a ①potential customer this afternoon. She provided a ②brief summary of the services we provide. Fortunately, we were able to ③meet their demands.

オルセンさんが今日の午後、①見込客と面談を行いました。我が社が提供するサービスの、②簡単な要約を説明しました。幸いなことに、③先方の需要に応えることができました。

☐ **potential customer** [pəténʃəl kʌ́stəmər]
見込客
🖊 potentialは「潜在的な、可能性のある」という意味の形容詞。prospectiveが類義語。
☐ prospective applicant　見込みのある応募者

☐ **brief summary** [bríːf sʌ́məri]
簡単な要約
🖊 summaryは「要約、概略」という意味の名詞。
☐ summarize　他 ~を要約する

☐ **meet a demand** [míːt ə dimǽnd]
需要に応える
🖊 meetには「~（要求など）を満たす」という意味がある。meet a requirement（必要条件を満たす）のような使い方も多い。

Boost-Up

☐ **generous offer** [dʒénərəs ɔ́ːfər]
寛大なオファー
🖊 generousは「寛大な、気前のよい」という意味の形容詞。
☐ generous donation　寛大な寄付　☐ generosity　名 寛大さ

☐ **be widely available** [bíː wáidli əvéiləbl]
広く手に入る
🖊 availableは「手に入る、利用できる」という意味の形容詞。

Score-Up Booster

FortunatelyやI'm pleased to inform you（お知らせできて嬉しいです）などの語句の後には、聞き手にとってポジティブな話題が続く。このような前置きをヒントに話の展開を理解しよう。

Passengers for Flight RW83 for Sydney should ①proceed to Boarding Gate 13. Economy class passengers may now ②wait in line to board. The flight will ③depart at two o'clock.

放送
シドニー行き、RW83便にご搭乗の皆様は、①搭乗ゲート13番までお進みください。エコノミークラスのお客様は、搭乗のため②一列に並んでお待ちください。同便は③2時に出発する予定です。

☐ **proceed to the boarding gate** [prəsíːd tə ðə bɔ́ːrdiŋ géit]
搭乗ゲートへ進む
🖉 boardingは「搭乗、乗車」という意味の名詞。
☐ departure gate 出発ゲート ☐ arrival gate 到着ゲート

☐ **wait in line** [wéit ín láin]
一列に並んで待つ
🖉 in lineで「一列に」を意味する。
☐ in a queue 列に並んで

☐ **depart at two o'clock** [dipáːrt ət túː əklɑk]
2時に出発する
🖉 departは「出発する」という意味の自動詞。
☐ departure 名出発

Boost-Up

☐ **keep an eye on your luggage** [kíːp ən ái ɑn júər lʌ́gidʒ]
荷物から目を離さない
🖉 keep an eye on ～ で「～に目をつける」の意味。
☐ leave your luggage unattended 荷物を放置する

☐ **put your luggage in the overhead compartment**
[pút júər lʌ́gidʒ ín ði óuvəhed kəmpáːrtmənt]
頭上の荷物棚に荷物を入れる
🖉 compartmentは「区画、小部屋」という意味の名詞。

Score-Up Booster

交通機関におけるアナウンスは、運行スケジュールの変更とその理由、指示、時間や場所などが伝えられることが多い。冒頭を聞き取ることで、飛行機やバス、フェリーなどの具体的な場面を特定でき、その後の展開が聞きやすくなる。

M: 055-056

会話

M: The ①travel agent was able to ②confirm your reservation at the Hillside Hotel.

W: Thanks. Can you ask them to ③send out an itinerary?

M: Will do.

男性：①旅行代理店がヒルサイド・ホテルでの②予約を確認できたようです。
女性：ありがとう。③旅程表を送るように言ってもらえますか？
男性：了解です。

□ **travel agent** [trǽvəl éidʒənt]
旅行代理店
🖊 agentは「代理店、代理人」という意味の名詞。
□ real estate agent　不動産業者

□ **confirm your reservation** [kənfə́:rm júər rèzərvéiʃən]
予約を確認する
🖊 confirmは「〜を確認する」という意味の他動詞。confirm your order（注文を確認する）も頻出。
□ confirmation　名確認、確定

□ **send out an itinerary** [sénd áut ən aitínərèri]
旅程表を送る
🖊 itineraryは「旅程表、旅行計画」という意味の名詞。travel scheduleの同義語。

Boost-Up

□ **obtain our latest brochure** [əbtéin áuər léitist brouʃúər(bróuʃə)]
最新のパンフレットを手に入れる
🖊 obtainは「〜を獲得する」という意味の他動詞。getの同義語。

□ **updated schedule** [ʌpdéitid skédʒu:l(ʃédju:l)]
最新のスケジュール
🖊 updatedは「最新の、更新した」という意味の形容詞。

Score-Up Booster

itinerary（旅程表）という単語が使われる場合は、出張や旅行などがテーマとなり、travel agentが関係することが多い。

会議の発言

Max Wilson's team ①specializes in market research. They worked collaboratively to ②investigate the reason for the poor sales. Thanks to their ③outstanding performance, a solution was found.

マックス・ウィルソンのチームは①市場調査を専門としています。彼らは販売不振の②理由を調査するため、協力して作業を進めました。彼らの③素晴らしい業績のおかげで、解決策が見つかりました。

☐ **specialize in market research** [spéʃəlàiz ín mɑ́ːrkit ríːsəːrtʃ]
市場調査を専門とする
　🖋 specialize in ~ で「~を専門にする、専攻する」の意味。
　☐ specialization 名専門

☐ **investigate the reason** [invéstəgèit ðə ríːzn]
理由を調査する
　🖋 investigateは「~を調査する」という意味の他動詞。
　☐ investigation 名調査

☐ **outstanding performance** [àutstǽndiŋ pərfɔ́ːrməns]
素晴らしい業績
　🖋 outstandingは「素晴らしい、優れた」という意味の形容詞。excellentの同義語。

Boost-Up

☐ **work collaboratively** [wə́ːrk kəlǽbərətivli]
協力して働く
　🖋 collaborativelyは「協力して」という意味の副詞。
　☐ collaboration 名協力

☐ **lead a project** [líːd ə prɑ́dʒekt]
プロジェクトを指揮する
　🖋 leadは「~を指揮する、導く」という意味の他動詞。lead a discussionといえば、「話し合いを率いる」を意味する。
　☐ leading 形一流の、主要な

Score-Up Booster

specialize in ~ や、thanks to ~ などの前置詞は、それが含まれるフレーズの音声を聞いたり、実際に音読することで思い出しやすくなる。in front of the station（駅前に）がその良い例。

発言

The ①personnel manager has evaluated your performance. She recommends that you ②serve as a manager in the sales department. You will be in charge of your ③former colleagues.

①人事部長があなたの業績を評価しました。部長はあなたが営業部で②マネジャーとして働くことを薦めました。③元同僚の皆さんを、率いていただきます。

☐ **personnel manager** [pə̀:rsənél mǽnidʒər]
人事部長
🖉 personnelは「人事部」という意味の名詞。personal（個人的な）との読み間違いに注意。

☐ **serve as a manager** [sə́:rv əz ə mǽnidʒər]
マネジャーとして働く
🖉 この場合のserveは「働く、勤める」という意味の自動詞。workの同義語。

☐ **former colleague** [fɔ́:rmər káli:g]
元同僚
🖉 colleagueは「同僚」という意味の名詞。coworkerの同義語。
☐ talk with my coworkers　同僚たちと話す

Boost-Up

☐ **be in charge of the project** [bí: ín tʃɑ:rdʒ əv ðə prɑdʒekt]
プロジェクトの責任者である
🖉 in charge of ～で「～の責任者で」の意味。
☐ person in charge　責任者

☐ **evaluate your performance** [ivǽljuèit júər pərfɔ́:rməns]
業績を評価する
🖉 evaluateは「～を評価する」という意味の他動詞。
☐ evaluation　名評価

Score-Up Booster

上司による部下のperformance evaluation（業績評価）の話はTOEICに時々登場する。具体的な経験や実績の聞き取りや読み取りが求められることも多い。

会話

W: Ms. Rosen ①declined our offer of a position on the marketing team.

M: Let's contact the ②employment agency again.

W: Sure. This time we should offer a more ③competitive salary.

女性：ローゼンさんが、当社マーケティングチームの職への①オファーを断りました。
男性：また②人材紹介会社に連絡を取りましょう。
女性：そうですね。今度は③水準以上の給料をオファーすべきだと思います。

☐ **decline an offer** [dikláin ən ɔ́:fər]
オファーを断る
　🖉 declineは「～を断る」という意味の他動詞。rejectやturn downで言い換え可能。
　☐ turn down an offer　オファーを断る　　☐ reject an offer　オファーを断る

☐ **employment agency** [implɔ́imənt éidʒənsi]
人材紹介会社
　🖉 employmentは「雇用」という意味の名詞。
　☐ employ 他 ～を雇用する　　☐ employee 名 従業員　　☐ employer 名 雇用主

☐ **competitive salary** [kəmpétətiv sǽləri]
水準以上の給料
　🖉 competitiveは「競争力のある」という意味の形容詞。competitive priceといえば「（安くて競争力のある＝）手ごろな価格」を意味する。

Boost-Up

☐ **managerial experience** [mænidʒíəriəl ikspíəriəns]
マネジャーの経験
　🖉 managerialは「マネジャーの」という意味の形容詞。
　☐ manager 名 マネジャー　　☐ manage 他 ～を管理する、運営する

☐ **professional achievement** [prəféʃənl ətʃí:vmənt]
仕事上の成功
　🖉 achievementは「成功、達成」という意味の名詞。
　☐ achieve 他 ～を達成する

Score-Up Booster

decline an offerやaccept an offerのように「動詞＋目的語」のセットで学習することは、動詞の意味と使い方を同時に理解できるため、リスニングやリーディングにも効果的。

01 ☐	予約を確認する c------ **your reservation**	confirm
02 ☐	2時に出発する d----- **at two o'clock**	depart
03 ☐	不動産業者 r--- e----- **agency**	real estate
04 ☐	最新のパンフレットを手に入れる o----- **our latest brochure**	obtain
05 ☐	プロジェクトの責任者である be i- c----- o- **the project**	in charge of
06 ☐	人材紹介会社 e--------- **agency**	employment
07 ☐	予算の提案 budget p-------	proposal
08 ☐	プロジェクトを指揮する l--- **a project**	lead
09 ☐	協力して働く work c--------------	collaboratively
10 ☐	出張の予定を変更する r--------- **a business trip**	reschedule
11 ☐	寛大なオファー g------- **offer**	generous
12 ☐	素晴らしい業績 o---------- **performance**	outstanding
13 ☐	旅行代理店 travel a----	agent
14 ☐	費用を見積もる e------- **the cost**	estimate
15 ☐	見込客 p-------- **customer**	potential
16 ☐	オファーを断る d------ **an offer**	decline

17 ☐	アパート[マンション] を借りる r--- **an apartment**	rent
18 ☐	リオデジャネイロへの直行便 d----- f----- **to Rio de Janeiro**	direct flight
19 ☐	レポートを提出する s----- **a report**	submit
20 ☐	荷物から目を離さない k--- a- e-- o- **your luggage**	keep an eye on
21 ☐	払い戻し可能な保証金 r--------- **security deposit**	refundable
22 ☐	約束する、予約をとる **make an** a-----------	appointment
23 ☐	一列に並んで待つ **wait** i- li-e	in line
24 ☐	会議を計画する o------- **a meeting**	organize
25 ☐	水準以上の給料 c----------- **salary**	competitive
26 ☐	資料を修正する r----- **a document**	revise
27 ☐	支払いが延滞している **payment is** o------	overdue
28 ☐	出張の手配をする **make travel** a-----------	arrangements
29 ☐	駅に近い c---- t- **the station**	close to
30 ☐	マネジャーの経験 m--------- **experience**	managerial
31 ☐	延滞料が科せられる i---- **a late fee**	incur
32 ☐	業績を評価する e------- **your performance**	evaluate
33 ☐	請求書を受け取る **receive an** i------	invoice

34 ☐	物件を見学する **view a p-------**	property
35 ☐	簡単な要約 **brief s------**	summary
36 ☐	最新のスケジュール **u------ schedule**	updated
37 ☐	搭乗ゲートへ進む **proceed to the b------- gate**	boarding
38 ☐	元同僚 **former c--------**	colleague
39 ☐	川を見下ろす **o------- the river**	overlook
40 ☐	徹底的な見直し **t------- review**	thorough
41 ☐	仕事上の成功 **professional a----------**	achievement
42 ☐	レシートを取っておく **r----- a receipt**	retain
43 ☐	人事部長 **p-------- manager**	personnel
44 ☐	理由を調査する **i---------- the reason**	investigate
45 ☐	頭上の荷物棚に荷物を入れる **put your luggage in the overhead c----------**	compartment
46 ☐	市場調査を専門とする **s--------- i- market research**	specialize in
47 ☐	マネジャーとして働く **s---- as a manager**	serve
48 ☐	需要に応える **m--- a demand**	meet
49 ☐	旅程表を送る **send out an i--------**	itinerary
50 ☐	広く手に入る **be widely a--------**	available

TOEIC® L&Rテスト ボキャブラリーブースター

Unit 4

> **Eメール**
>
> It has been hard to ①adhere to the construction schedule.
> Therefore, I will ②contact the client to discuss the matter.
> Hopefully, we will be able to ③reach an agreement on a new
> completion deadline.
>
> ①建築予定に従うことが難しくなっています。だからこの件について話し合うために、②顧客に連絡します。新たな完成期限について、③合意に達することができるといいのですが。

☐ **adhere to a schedule** [ædhíər tə ə skédʒuːl(ʃédjuːl)]
予定に従う

🖊 adhere to ~ で「~（予定・規則など）に従う」の意味。followの同義語。
☐ adhere to rules　ルールを厳守する

☐ **contact a client** [kántækt ə kláiənt]
顧客に連絡する

🖊 contactは他動詞「~に連絡する」も、名詞「問い合わせ先、連絡先」も同じ形。
☐ contact information　連絡先の情報

☐ **reach an agreement** [ríːtʃ ən əgríːmənt]
合意に達する

🖊 agreementは「合意、協定」という意味の名詞。
☐ agree　[自]同意する

Boost-Up

☐ **work overtime** [wéːrk óuvərtàim]
残業する

🖊 overtimeは「時間外に」という意味の副詞。同じ形で名詞「残業」の意味もある。
☐ overtime wage　残業手当

☐ **be based on the criteria** [bíː béisd ɑn ðə kraitíəriə]
基準に基づく

🖊 be based on ~ で「~に基づく」の意味。criteriaはcriterion（基準）の複数形。

Score-Up Booster

Therefore（だから）やHowever（しかし）、Additionally（さらに）のように話を展開する語をヒントにその後の流れを推測すれば、ストーリーを理解しやすくなり、文脈が記憶に残りやすくなる。

会話

W: We need to ①hire a new shop clerk.
M: How about using ②temporary staff?
W: I doubt they have anyone with experience at a ③second-hand bookstore.

女性：①新しい店員を雇う必要があります。
男性：②臨時スタッフを活用するのはどうでしょうか?
女性：③古書店での経験がある人はいないんじゃないでしょうか。

□ **hire a new shop clerk** [háiər ə njú: ʃáp klə́:rk]
新しい店員を雇う
⌕ clerkは「店員、事務員」という意味の名詞。買い物客のことはshopperという。
□ office clerk　事務員

□ **temporary staff** [témpərèri stǽf]
臨時スタッフ
⌕ temporaryは「一時的な」という意味の形容詞。part-time workerともいう。「正社員」はfull-time workerまたはpermanent workerという。

□ **second-hand bookstore** [sékənd hǽnd búkstɔːr]
古書店
⌕ second-handは「中古の」という意味の形容詞。古本はused bookという。

Boost-Up

□ **in good condition** [ín gúd kəndíʃən]
良い状態で
⌕ conditionは「状態、状況」という意味の名詞。

□ **in alphabetical order** [ín ælfəbétikəl ɔ́:rdər]
アルファベット順に
⌕ in ~ orderで「~の順に」を意味する。
□ in chronological order　時系列で　　□ in numerical order　番号順で

Score-Up Booster

リスニングにおいて提案が出ることは多く、提案表現にはHow about ~? (~はどうですか) のほか、Why don't you ~? (~してはいかがですか) やWhy don't we ~? (~しませんか)、What do you say to ~? (~についてどう思いますか) などがある。

放送

Passengers on ①domestic flight TR667 should proceed to the ②departure gate. When you arrive, please ③present your boarding pass to the airline staff.

①国内線TR667便の乗客の皆様は、②出発ゲートまでお進みください。到着しましたら、航空会社職員に③搭乗券を提示してください。

☐ **domestic flight** [dəméstik fláit]
国内線
🖊 domesticは「国内の、自国の」という意味の形容詞。
☐ international flight 国際線

☐ **departure gate** [dipá:rtʃər géit]
出発ゲート
🖊 departureは「出発」という意味の名詞。
☐ depart 自出発する　☐ arrival gate 到着ゲート

☐ **present your boarding pass** [prizént júər bɔ́:rdiŋ pǽs]
搭乗券を提示する
🖊 presentは「～を提示する」という意味の他動詞。ほかに「～を贈る」の意味や、形容詞で「現在の」の意味もあるので注意。

Boost-Up

☐ **slight delay** [sláit diléi]
わずかな遅れ
🖊 slightは「わずかな、少しの」という意味の形容詞。
☐ slight increase　わずかな増加

☐ **pleasant flight** [plézənt fláit]
快適なフライト
🖊 pleasantは「快適な、心地の良い」という意味の形容詞。
☐ pleasant weather　気持ち良い天気

Score-Up Booster

passengersとflightを聞き取れば「空港」だと判断できるように、Part 3やPart 4では冒頭の理解を求める問題が1問目に出題されることが多い。

手紙

The ①balance due to RTA Corporation is \$5,678. The ②due date for payment is June 7. You must ③make a deposit by then.

RTA株式会社に対する支払い①不足額は、5,678ドルです。②支払期日は6月7日です。貴社は当日までに③内金を払わなくてはいけません。

□ **balance due** [bǽləns djúː]
不足額、未払い残高
✐ balanceは「残高、差額」という意味の名詞。

□ **due date** [djúː déit]
支払期日
✐ dueは「支払期限の来た」という意味の形容詞。

□ **make a deposit** [méik ə dipázit]
内金を払う
✐ depositは「内金、預金」という意味の名詞。具体的な金額を示す場合、make a deposit of 100 dollars（100ドルの内金を払う）のように表す。
□ deposit [他]～を入金する

Boost-Up

□ **expense report** [ikspéns ripɔ́ːrt]
経費報告書
✐ expenseは「経費、費用」という意味の名詞。expenseがかかることをexpensive（高い）という。

□ **under any circumstances** [ʌ́ndər éni sə́ːrkəmstæntsiz]
いかなる状況においても
✐ circumstanceは「状況、事情」という意味の名詞。しばしば複数形で使われる。

Score-Up Booster

TOEICに計算させるような問題は出ないが、支払いについては期日や支払い方法、その他条件などを読み取る問題は出題される。

会話

M: We need to do something to ①motivate people.

W: How about ②awarding a prize to the top salesperson?

M: We could present it when we ③commemorate the company's second anniversary.

男性：①人々を動機づけるためにも、何かやらなくては。
女性：最優秀販売員に、②賞を与えるのはどうでしょうか？
男性：③会社の2周年を祝う際に、贈呈すればいいですね。

☐ **motivate people** [móutəvèit píːpl]
人々を動機づける
🖉 motivateは「〜を動機づける」という意味の他動詞。
☐ motivated people やる気がある人々 　☐ motivation 名動機づけ

☐ **award a prize** [əwɔ́ːrd ə práiz]
賞を与える
🖉 awardは「〜を与える」という意味の他動詞。名詞「賞、賞品」も同じ形なので注意。
☐ prestigious award 名誉ある賞

☐ **commemorate the second anniversary**
[kəmémərèit ðə sékənd ænəvə́ːrsəri]
2周年を祝う
🖉 commemorateは「〜を祝う」という意味の他動詞。celebrateの同義語。

Boost-Up

☐ **celebrate a victory** [séləbrèit ə víktəri]
勝利を祝う
🖉 celebrateは「〜を祝う、祝賀する」という意味の他動詞。
☐ celebration 名祝賀 　☐ celebrity 名有名人

☐ **be eligible for a bonus** [bíː élidʒəbl fɔ́ːr ə bóunəs]
ボーナスの資格がある
🖉 be eligible for 〜 で「〜の資格がある」の意味。
☐ be qualified for a bonus ボーナスの資格がある

Score-Up Booster

リスニングに授賞式や祝賀会に関する話題は多い。誰を表彰するのか、なぜ表彰するのか、などを正確に聞き取ることが求められる。

074-075

メモ

Customers have been ①complaining about poor service. We are trying to ②identify the cause. When we find it, the company will ③act promptly to rectify the situation.

お客様が①サービスの悪さについて苦情をおっしゃっています。現在、②原因を特定しようとしています。見つけ次第、当社は状況を是正するため、③迅速に行動します。

☐ **complain about poor service** [kəmpléin əbáut púər sə́:rvis]
サービスの悪さについて苦情を言う
🖉 complain about ~ で「~について苦情を言う、不満を言う」の意味。
☐ complaint 名苦情

☐ **identify the cause** [aidéntəfài ðə kɔ́:z]
原因を特定する
🖉 identifyは「~を特定する」という意味の他動詞。
☐ identification 名識別、身元確認

☐ **act promptly** [ǽkt prámptli]
迅速に行動する
🖉 promptlyは「迅速に」という意味の副詞。quicklyの同義語。「時間どおりに」の意味もあり、promptly at 10:00 (10時ぴったりに) のように使われることもある。

Boost-Up

☐ **preventive measures** [privéntiv méʒərz]
予防策
🖉 measureは「対策」という意味の名詞。他動詞で「~を測る」の意味もある。

☐ **prospect for improvement** [práspekt fɔ́:r imprú:vmənt]
改善への見込み
🖉 prospectは「見込み、可能性」という意味の名詞。
☐ prospective 形見込みのある、有望な

Score-Up Booster

出題される語彙レベルはリスニングセクションよりもリーディングセクションのほうが高い。rectify (~を是正する) のように難しい単語がある場合、それまでの文脈や目的語との組み合わせなどをヒントに、意味を推測することで対応したい。

お知らせ

It is necessary to show ①valid photo identification when entering the exhibition center. There are other ②terms and conditions. They are ③explained in detail on the Web site.

展示センターに入館する際には、①有効な写真付身分証明書を提示する必要があります。②契約条件はほかにもあります。それらはウェブサイトで③詳細に説明されています。

☐ **valid photo identification** [vǽlid fóutou aidèntifəkéiʃən]
有効な写真付身分証明書
✑ validは「有効な」という意味の形容詞。反意語はinvalid（無効な）。

☐ **terms and conditions** [tə:rmz ənd kəndíʃənz]
契約条件
✑ Part 7の文書に契約書が登場することもある。

☐ **explain in detail** [ikspléin ín díːteil]
詳細に説明する
✑ in detailで「詳細に」の意味。detailには他動詞「～を詳しく説明する」の意味もある。
☐ detail a plan　計画を詳細に説明する

☐ **consent form** [kənsént fɔ́:rm]
同意書
✑ consentは「同意」という意味の名詞。agreementの同義語。なお、自動詞「同意する」も同じ形。
☐ consent to your idea　あなたのアイデアに同意する

☐ **obtain permission** [əbtéin pərmíʃən]
許可を得る
✑ permissionは「許可、承認」という意味の名詞。
☐ permit 他～を許可する（発音[pərmít]）　☐ permit 名許可証（発音[pə:rmit]）

Score-Up Booster

英文のwhen entering the exhibition centerは、when you enter the exhibition centerの主語が省略されたうえで、動詞enterにingが付いている。Part 5ではenteringの動詞の形が問われることもある。

会話

W: I had to take an ①alternative route to avoid the traffic jams this morning.

M: It's a good thing that you listened to the ②hourly traffic updates.

W: Yeah. Otherwise, the meeting couldn't have been held ③as scheduled.

女性：今朝の交通渋滞を避けるために、①別のルートで来ないといけませんでした。
男性：②毎時の交通情報を聞いておいてよかったですね。
女性：本当に。そうでなければ、③予定通り会議を開くことはできませんでしたから。

☐ **alternative route** [ɔːltə́ːrnətiv rúːt]
別のルート
🖊 alternativeは「別の、代わりの」という意味の形容詞。anotherの同義語。

☐ **hourly traffic updates** [áuərli trǽfik ʌ́pdeits]
毎時の交通情報
🖊 traffic updatesはほかに、**traffic report**（交通情報）といっ言い方もある。

☐ **as scheduled** [əz skédʒuːld(ʃédjuːld)]
予定通り
🖊 as it was scheduledのit wasが省略されている。
☐ as planned　計画通り

Boost-Up

☐ **fasten your seat belt** [fǽsn júər sít bèlt]
シートベルトを締める
🖊 fastenは「～を締める」という意味の他動詞。

☐ **concentrate on driving** [kɑnsəntrèit ɑn dráiviŋ]
運転に集中する
🖊 concentrate on ～ で「～に集中する」の意味。

Score-Up Booster

副詞otherwiseは、「そうでなければ、さもないと」を意味し、条件について述べる際に使われる。Please register for the seminar. Otherwise, you cannot join it. （セミナーに登録してください。そうでなければ、参加できません）のような使い方も多い。

お知らせ

PTR Footwear ①receives overwhelmingly positive reviews on ShoutOut.com. Many take the time to ②post a comment about our helpful staff. They ③rate our service quality very highly.

PTRフットウェアはシャウトアウト・ドットコムで、①圧倒的に肯定的なレビューを受けています。多くの方が時間を割いて、当社のスタッフが親切であるという②コメントを投稿してくださっています。③当社のサービスの質を、高く評価してくださっているのです。

☐ receive overwhelmingly positive reviews
[risíːv òuvəhwélmiŋli pázətiv rivjúːz]

圧倒的に肯定的なレビューを受ける

✐ overwhelminglyは「圧倒的に」という意味の副詞。程度を強調する際に使われる。

☐ overwhelming 形圧倒的な　　☐ overwhelm 他～を圧倒する

☐ post a comment [póust ə kámənt]
コメントを投稿する

✐ postは「～を投稿する、載せる」という意味の他動詞。インターネット上に情報を投稿する意味でよく使われる。

☐ post a blog　ブログを投稿する

☐ rate service quality [réit sə́ːrvis kwáləti]
サービスの質を評価する

✐ rateは「～を評価する」という意味の他動詞。同義語にevaluateがある。

Boost-Up

☐ act proactively [ǽkt pròuaéktivli]
先を見越して行動する

✐ proactivelyは「先を見越して、前向きに」という意味の副詞。接頭辞pro-は「前へ」という意味。一方、何かに反応して「受動的に」行動する様子をreactivelyと表す。

☐ guarantee your satisfaction [gæərəntíː júər sætisfǽkʃən]
満足を保証する

✐ satisfactionは「満足、充足」という意味の名詞。

☐ satisfy 他～を満足させる

Score-Up Booster

Part 5の品詞問題では、overwhelmingly positive reviewsのような副詞＋形容詞＋名詞の語順を問うものがしばしば出題される。

082-083

記事

Salinger muffins have ①been highly recommended by *Fine Diner Magazine*. The factory is now finding it hard to ②keep up with demand. The owners are ③taking immediate action to increase their production capacity.

サリンジャー・マフィンは、ファインダイナー誌によって①強くお勧めされています。同社の工場は今、②需要に遅れずについていくのに必死です。オーナーたちは、生産力を増やすべく、③直ちに行動しています。

☐ **be highly recommended** [bí: háili rèkəméndid]
強く勧められる
　🖊 highlyは「強く、非常に」という意味の副詞。言い換えて、be strongly recommendedでも同じ意味。

☐ **keep up with demand** [kí:p ʌp wɪð dimǽnd]
需要に遅れずについていく
　🖊 keep up with ~ で「~に遅れずについていく」の意味。
　☐ keep up with advancement in technology　技術の進歩についていく

☐ **take immediate action** [téik imí:diət ǽkʃən]
直ちに行動する
　🖊 take actionで「行動する」の意味。

Boost-Up

☐ **right away** [ráit əwéi]
今すぐ
　🖊 フレーズはimmediately（即座に）で言い換え可能。

☐ **attract loyal customers** [ətrǽkt lɔ́iəl kʌ́stəmərz]
お得意様を引き付ける
　🖊 loyalは「忠実な、誠実な」という意味の形容詞。loyal customerで「得意客」になる。

Score-Up Booster

find it hardは、find＋名詞＋形容詞の構造で「itをhardだとわかる」を意味する。ほかにも、keep the document confidential（資料を機密に保つ）やleave the door open（ドアを開けたままにする）なども、同じ構造である。

01 ☐	お得意様を引き付ける **attract l---- customers**	loyal
02 ☐	よい状態で **in good c--------**	condition
03 ☐	圧倒的に肯定的なレビューを受ける **receive o------------- positive reviews**	overwhelmingly
04 ☐	詳細に説明する **explain i- d-----**	in detail
05 ☐	運転に集中する **c----------- o- driving**	concentrate on
06 ☐	改善への見込み **p-------- for improvement**	prospect
07 ☐	いかなる状況においても **under any c-------------**	circumstances
08 ☐	満足を保証する **guarantee your s------------**	satisfaction
09 ☐	契約条件 **t---- a-- c----------**	terms and conditions
10 ☐	ボーナスの資格がある **be e------- f-- a bonus**	eligible for
11 ☐	残業する **work o-------**	overtime
12 ☐	不足額、未払い残高 **b------- due**	balance
13 ☐	内金を払う **make a d------**	deposit
14 ☐	臨時スタッフ **t-------- staff**	temporary
15 ☐	需要に遅れずについていく **k--- u- w--- demand**	keep up with
16 ☐	予防策 **preventive m-------**	measures

17 ☐	別のルート a---------- route	alternative
18 ☐	賞を与える a---- a prize	award
19 ☐	コメントを投稿する p--- a comment	post
20 ☐	有効な写真付身分証明書 v---- photo identification	valid
21 ☐	基準に基づく be based on the c-------	criteria
22 ☐	快適なフライト p------- flight	pleasant
23 ☐	アルファベット順に i- alphabetical o----	in, order
24 ☐	毎時の交通情報 hourly traffic u------	updates
25 ☐	古本屋 s---------- bookstore	second-hand
26 ☐	2周年を祝う c---------- the second anniversary	commemorate
27 ☐	支払期日 d-- date	due
28 ☐	原因を特定する i------- the cause	identify
29 ☐	先を見越して行動する act p----------	proactively
30 ☐	顧客に連絡する c------ a client	contact
31 ☐	強く勧められる be h----- recommended	highly
32 ☐	合意に達する reach an a--------	agreement
33 ☐	迅速に行動する act p-------	promptly

34 ☐	勝利を祝う c-------- a victory	celebrate
35 ☐	予定通り a- s--------	as scheduled
36 ☐	今すぐ r---- a---	right away
37 ☐	サービスの悪さについて苦情を言う c------- a---- poor service	complain about
38 ☐	新しい店員を雇う hire a new shop c----	clerk
39 ☐	サービスの質を評価する r--- service quality	rate
40 ☐	予定に従う a----- t- a schedule	adhere to
41 ☐	出発ゲート d-------- gate	departure
42 ☐	許可を得る obtain p---------	permission
43 ☐	搭乗券を提示する p------ your boarding pass	present
44 ☐	わずかな遅れ s----- delay	slight
45 ☐	シートベルトを締める f----- your seat belt	fasten
46 ☐	直ちに行動する t--- immediate a-----	take, action
47 ☐	国内線 d------- flight	domestic
48 ☐	人々を動機づける m------- people	motivate
49 ☐	同意書 c------ form	consent
50 ☐	経費報告書 e------ report	expense

TOEIC® L&Rテスト ボキャブラリーブースター

Unit 5

085-086

議事録

In order to ①boost sales, the company will ②advertise the product more aggressively. The advertisements will focus on the product's ③attractive features. Hopefully, it will reach its sales quota.

①売上を上げるために、当社はより積極的に②製品を宣伝していきます。広告は製品の③魅力的な特徴に焦点を合わせたものになります。この製品が売上ノルマを達成できることを願っています。

☐ **boost sales** [búːst séilz]
売上を上げる
　🖉 boostは「～を上げる」という意味の他動詞。increaseやexpandなどが同義語。
　☐ increase in sales　売り上げの増加　　☐ expand business　事業を拡大する

☐ **advertise a product** [ǽdvərtàiz ə prádʌkt]
製品を宣伝する
　🖉 advertiseは「～を宣伝する、広告する」という意味の他動詞。
　☐ advertisement　名広告、宣伝　　☐ advertising　名広告、広告業

☐ **attractive feature** [ətrǽktiv fíːtʃər]
魅力的な特徴
　🖉 attractiveは「魅力的な、人を引き付ける」という意味の形容詞。
　☐ attract　他～を引き付ける　　☐ attraction　名名所、見どころ

Boost-Up

☐ **reach the sales quota** [ríːtʃ ðə séilz kwóutə]
売上ノルマを達成する
　🖉 quotaは「ノルマ、割当量、定員」という意味の名詞。

☐ **effective approach** [iféktiv əpróutʃ]
効果的なアプローチ
　🖉 effectiveは「効果的な、有効な」という意味の形容詞。
　☐ effect　名効果　　☐ effectively　副効果的に、有効に

Score-Up Booster

新たな戦略や予定の変更に関する話題では、具体的な施策が述べられることが多い。問題では具体的な内容が問われるため、概要だけでなく詳細もしっかりと理解しておきたい。

M: Your ①travel expenses are a bit high.

W: I know I ②exceeded the budget.

M: You'll ③get reimbursed, but be careful next time.

会話

男性：あなたの①出張費は少々高額ですね。

女性：②予算を超えたことは承知しています。

男性：③払い戻しはしますけど、次は気をつけてくださいね。

☐ **travel expenses** [trǽvəl ikspéntsiz]

出張費、旅費

✐ expenseは「費用、経費」という意味の名詞。しばしば複数形で使われる。

☐ expenditure　名支出、経費　　☐ expensive　形高価な、値段が高い

☐ **exceed the budget** [iksíːd ðə bʌ́dʒit]

予算を超える

✐ 制限値や基準量を超えることをexceedという。

☐ exceed the limit　制限を超える　　☐ exceed our expectations　期待を超える

☐ **get reimbursed** [gét rìːimbə́ːrst]

払い戻してもらう

✐ reimburseは「〜を払い戻す、返済する」という意味の他動詞。出張費の立て替えなどに対して使われる。

☐ reimbursement　名払い戻し

Boost-Up

☐ **outstanding balance** [àutstǽndiŋ bǽləns]

未払額

✐ outstandingには「素晴らしい」という意味もあるが、お金について使われる場合には「未払いの」という意味。ここでのbalanceは「残高、差額」の意味。

☐ **recent purchase** [ríːsnt pə́ːrtʃəs]

最近の購入

✐ recentは「最近の、近頃の」を意味する形容詞。

Score-Up Booster

リスニングでは、get reimbursed（払い戻してもらう）のために、期日までにreceipt（レシート）を提出するように指示する話も出る。普段の仕事で経費の立て替えや精算をした経験があれば、理解しやすいかもしれない。

M: We need to ①promote our new product.

W: We could ②place an advertisement in a magazine.

M: I hope that will lead to an ③increase in sales.

会話

男性：①新製品を宣伝する必要があります。

女性：雑誌に②広告を出すのはどうでしょうか。

男性：それが③売上の増加につながるといいのですが。

☐ **promote a product** [prəmóut ə prádʌkt]
製品を宣伝する

 ⬦ promoteは「～の宣伝をする」という意味の他動詞。「～を昇進させる」の意味もある。

 ☐ promotion 图販売促進、昇進 ☐ promotional 形宣伝の

☐ **place an advertisement** [pléis ən ædvərtáizmənt(ædvə́:tismənt)]
広告を出す

 ⬦ placeは「～を置く、設置する」という意味でも使われる。

 ☐ place a sign 看板を設置する

☐ **increase in sales** [ínkri:s ín séilz]
売上の増加

 ⬦ increaseは名詞「増加」のほか、他動詞「～を増やす、増進する」としても使われる。

 ☐ increase productivity 生産性を高める

Boost-Up

☐ **enhance productivity** [inhǽns pròudʌktívəti]
生産性を高める

 ⬦ enhanceは「～を高める、強める」という意味の他動詞。

 ☐ enhancement 图高まり、強化

☐ **sharp decline in sales** [ʃáːrp dikláin ín séilz]
売上の急激な減少

 ⬦ declineは「減少、低下」という意味の名詞。de-は「下」、-clineは「傾く」の意味。ちなみに、イスに使うリクライニング (reclining) は「後ろに傾く」ということ。

Score-Up Booster

place an advertisementやplace an order (注文する) のような「動詞＋目的語」のフレーズの知識は、Part 5の語彙問題で問われることが多い。このような問題はそのフレーズを知っていれば瞬時に正解できる。

指示

Please ①refer to the manual before carrying out maintenance.
You must ②follow the instructions carefully. It's important to use
the most recent version as we often ③make revisions.

設備点検を行う前に、①マニュアルを参照するようにしてください。注意深く②指示に従ってください。しばしば③修正するので、最新版を利用することが大切です。

□ **refer to the manual** [rifə́:r tə ðə mǽnjuəl]
マニュアルを参照する
　🖉 refer to ~ は「~を参照する」という意味。Part 3、4でrefer to the following conversation [telephone message] といった指示文でもで使われている。

□ **follow instructions** [fálou instrʌ́kʃənz]
指示に従う
　🖉 instructionは「指示、命令」という意味の名詞。「取扱説明書」の意味もある。
　□ instruct 〔他〕~に指示する、教える

□ **make revisions** [méik rivíʒənz]
修正する
　🖉 revisionは「修正、改訂」という意味の名詞。
　□ revise 〔他〕~を修正する

Boost-Up

□ **current edition** [kə́:rənt idíʃən]
現行版
　🖉 currentは「現在の、最新の」という意味の形容詞。updated version（最新版）と言うこともできる。
　□ currently 〔副〕現在のところ

□ **duplicate copy** [djú:plikət kápi]
複製物
　🖉 duplicateは「複製、複写」という意味の名詞。接頭辞du-はduoやdual（二重の）などで使われるように「2」の意味がある。

Score-Up Booster

asのほかbecauseやsinceは直後に理由が続く接続詞。ほかにもdue to ~ やbecause of ~、owing to ~ といった「~なので」と理由を表す前置詞句には注意。前後関係から「理由」と関連事項をしっかりと理解したい。

> Mr. Simms' <u>sales strategy</u> has been very effective. It has
> ①
> resulted in a <u>significant increase in profits.</u> We have had to
> ②
> alter our monthly <u>sales projection.</u>
> ③

メモ

> シムズさんの①販売戦略は非常に効果が出ています。②利益の著しい増加につながりました。月間③販売予測を修正する必要があったほどです。

☐ **sales strategy** [séilz strǽtədʒi]
販売戦略
🖊 strategyは「戦略、戦術」という意味の名詞。
☐ strategic 形 戦略上の

☐ **significant increase in profits** [signífikənt ínkriːs ín práːfits(prɔ́fəts)]
利益の著しい増加
🖊 形容詞significant（著しい）は増減や効果などの程度を強調するTOEIC頻出語。

☐ **sales projection** [séilz prədʒékʃən]
販売予測
🖊 projectionは「予測」という意味の名詞。sales prospect（販売予測）とも言える。
☐ project 他 ～を予想する、投影する

Boost-Up

☐ **look for a new vendor** [lúk fɔ́ːr ə njúː véndər]
新たな業者を探す
🖊 vendorは「販売業者」という意味の名詞。動詞vendには「～を販売する」という意味があり、vending machine（自動販売機）のようにも使われている。

☐ **cost estimate** [kɔ́ːst éstəmət]
費用の見積もり
🖊 estimateは名詞「見積もり」と動詞「～を見積もる、評価する」が同じ形である。なお動詞の発音はéstəmèitなので注意。

Score-Up Booster

increaseやdecreaseなどの増減に関する話は多い。それぞれ同義語も多く、「増える」には improve（向上する）、enhance（向上する）、grow（伸びる）、rise（伸びる）など、「減る」には reduce（減る）、drop（落ちる）、fall（落ちる）などがある。

Unit 1 | Unit 2 | Unit 3 | Unit 4 | Unit 5 | Unit 6 | Unit 7 | Unit 8 | Unit 9 | Unit 10

広告

> Dalton shoes have a very ①attractive appearance. They are
> sold at ②affordable prices. You can buy them online and from
> ③retail stores.

ダルトン社の靴は、とても①魅力的な外観をしています。②手頃な価格で販売されています。
インターネット、もしくは③小売店で購入することができます。

□ **attractive appearance** [ətræktiv əpíərəns]
魅力的な外観
🖉 appearanceは「外観、外見」という意味の名詞。他に「登場、出演」などの意味もある。
□ appearance in a movie　映画への登場　　□ brief appearance　短時間の出演

□ **affordable price** [əfɔ́ːrdəbl práis]
手頃な価格
🖉 affordableは「手頃な、購入しやすい」という意味の形容詞。
□ afford　他～を買う余裕がある　　□ affordability　名手頃さ、安さ

□ **retail store** [ríːteil stóːr]
小売店
🖉 retailは「小売り」という意味の名詞。retail storeをretailerと1単語で表すこともできる。

Boost-Up

□ **marked-down price** [máːrkt dáun práis]
割引された価格
🖉 discounted priceと同義。

□ **exchange items** [ikstʃéindʒ áitemz]
商品を交換する
🖉 exchangeは「～を交換する、両替する」という意味の他動詞。

Score-Up Booster

「手頃な価格」という表現は複数あり、at low[reasonable, competitive] pricesや、be affordably[reasonably, competitively] pricedなどが使われる。

Why not take a ①guided tour of Portland Gallery? It ②features sculptures by famous artists. They ③attract the attention of art lovers around the world.

チラシ

ポートランド・ギャラリーで①ガイド付ツアーを利用してみませんか？このギャラリーは著名な芸術家による②彫刻を呼び物にしています。それらの彫刻は、世界中の美術愛好家の③注目を集めています。

☐ **guided tour** [gáidid túər]
　ガイド付ツアー
　🖊 guidedは「ガイド付きの」という意味の形容詞。ツアーの話題はPart 4に頻出。

☐ **feature sculptures** [fíːtʃər skʌ́lptʃərz]
　彫刻を呼び物にする
　🖊 featureは「～を目立つ状態にする」のため、「～を呼び物にする」や「～を特集する」といった意味がある。
　☐ be featured in a TV program　TV番組で特集される

☐ **attract attention** [ətrǽkt əténʃən]
　注目を集める
　🖊 attractは「～を引き付ける」という意味の他動詞。draw attentionも同じ意味の重要表現。

Boost-Up

☐ **tour a facility** [túər ə fəsíləti]
　施設を見学する
　🖊 このようにtourは「～を見学する、旅行する」という意味の他動詞としても使われるので注意。
　☐ tour 〔名〕視察、見学

☐ **clarify the point** [klǽrəfài ðə point]
　要点を明確にする
　🖊 clarifyは「要点を明確にする」という他動詞。
　☐ clear 〔形〕明確な、明らかな　☐ clarification 〔名〕明確化

Score-Up Booster

ツアーガイドによるトークは、自己紹介から始まり、見学するもの、特徴、注意事項へと続くことが多い。また、特徴やこの後すぐにすべき行動が問われることが多い。

099-100

> Mitch Peters <u>signed a contract</u> with MHT Associates. It
> contained a <u>confidentiality agreement</u>.
> ②
> He will have an
> opportunity to <u>renew the contract</u> in a year.
> ③
>
> ミッチ・ピーターズさんはMHTアソシエイツとの①契約書にサインしました。そこには②秘密保持契約が含まれていました。1年後に③契約を更新する機会があります。

メモ

☐ **sign a contract** [sáin ə kántrækt]
契約書にサインする

🖊 signは「～にサインする、署名する」という意味の他動詞。「契約を終える」はterminate a contractという。

☐ signiture 名署名

☐ **confidentiality agreement** [kànfədenʃiæləti əgríːmənt]
秘密保持契約

🖊 confidentialityは「機密性、秘密保持」という意味の名詞。最近のビジネスで使われるNDAは、non-disclosure agreement（非公開契約＝機密保持契約）のこと。

☐ **renew the contract** [rinúː(rinjúː) ðə kántrækt]
契約を更新する

🖊 renewは「～を更新する」という意味の他動詞。

☐ renewal 名更新

Boost-Up

☐ **confidential document** [kànfədénʃəl dákjumənt]
機密の資料

🖊 confidentialは「機密の、内密の」という意味の形容詞。

☐ **exclusive contract** [iksklúːsiv kántrækt]
独占契約

🖊 exclusiveは「排他的な、限定的な」の意味がある形容詞。

☐ exclusive offer　限定オファー

Score-Up Booster

Part 7では、メモの内容を簡潔に言い換えた選択肢に注目。たとえば、上の英文の内容であればHe has signed an annual contract.（1年間の契約にサインした）のように言い換えられる。

発言

> Now for the ①last item on the agenda. I would like to ②assign tasks related to the upcoming product launch. I will also ③allocate a budget to each team.
>
> それでは①最後の議題に入ります。今度の製品発売に関連して、②仕事を割り当てようと思います。さらに、各チームに③予算を割り当てていきます。

☐ **last item on the agenda** [lǽst áitəm án ðə ədʒéndə]
　最後の議題
　🖉 itemには「商品、品目」の意味のあるが、ここでは「項目」という意味。

☐ **assign tasks** [əsáin tǽsks]
　仕事を割り当てる
　🖉 assignは「〜に割り当てる」という意味の他動詞。「〜を配偶する」の意味もある。
　☐ assignment　图割り当てられた仕事、課題

☐ **allocate a budget** [ǽləkèit ə bʌ́dʒit]
　予算を割り当てる
　🖉 allocateは「〜を割り当てる、配分する」という意味の他動詞。
　☐ allocation　图割り当て、割当量

Boost-Up

☐ **meet the requirements** [míːt ðə rikwáiərmənts]
　必要条件を満たす
　🖉 動詞meetは「〜に会う」以外に、「〜を満たす」や「〜に間に合う」という意味もある。
　☐ meet the deadline　締切に間に合う

☐ **budget constraint** [bʌ́dʒit kənstréint]
　予算の制約
　🖉 constraintは「制約」という意味の名詞。予算のほかtime constraint（時間の制約）などの使い方もある。

Score-Up Booster

I would like to assign tasks / related to the upcoming product launch.は、名詞tasksについて、分詞relatedを使って後ろに詳細な説明をつなげている。関係代名詞を用いてI would like to assign tasks / that are related to the upcoming product launch.と表現することもできる。

記事

MTF has already ①established a strong presence in Europe. It now plans to ②explore new opportunities in Asia. To do this, it has invested heavily in ③product development.

MTFは既に欧州で①強い存在感を確立しています。今後はアジアで②新しいチャンスを探ることを計画しています。そのために、③製品開発に大きな投資をしてきました。

☐ **establish a strong presence** [istǽbliʃ ə strɔ́ːŋ prézns]
強い存在感を確立する

🖉 establishは「〜を設立する」という意味の他動詞。同義語にfound, set up〜がある。
　☐ establishment ［名］確立、設立、施設

☐ **explore new opportunities** [iksplɔ́ːr njúː àːpərtúːnətiz(ɔ̀pətjúːnitiz)]
新しいチャンスを探る

🖉 exploreは「〜を探索する、探求する」という意味の他動詞。
　☐ exploration ［名］探索

⊔ **product development** [prádʌkt divéləpmənt]
製品開発

🖉 developmentは「開発、発展」という意味の名詞。

Boost-Up

☐ **advance in technology** [ædvǽns ín teknáːlədʒi]
技術の進歩

🖉 advanceで前や上に進むことを意味する。
　☐ advance in your career　キャリアアップ、出世

☐ **main concern** [méin kənsə́ːrn]
主な関心事

🖉 concernは「関心事」や「懸念」を意味する名詞。
　☐ concerned ［形］関係している　　☐ concerning ［前］〜に関して、〜に関する

Score-Up Booster

Part 6、7のような長文系のパートにおいて、上の英文で言うとTo do thisのthisが指すものを把握しながら読み進めるような力が求められる。代名詞が指すものを意識しながら、ストーリー展開をつかむことがリーディング力アップにつながる。

01 ☐	秘密保持契約 c-------------- **agreement**	confidentiality
02 ☐	指示に従う **follow** i-----------	instructions
03 ☐	販売予測 **sales** p---------	projection
04 ☐	必要条件を満たす m--- **the requirements**	meet
05 ☐	生産性を高める e------ **productivity**	enhance
06 ☐	技術の進歩 a------ **in technology**	advance
07 ☐	契約を更新する r---- **the contract**	renew
08 ☐	仕事を割り当てる a----- **tasks**	assign
09 ☐	利益の著しい増加 s----------- **increase in profits**	significant
10 ☐	新たな業者を探す **look for a new** v-----	vendor
11 ☐	複製物 d-------- **copy**	duplicate
12 ☐	独占契約 e-------- **contract**	exclusive
13 ☐	売上ノルマを達成する **reach the sales** q----	quota
14 ☐	注目を集める a------ **attention**	attract
15 ☐	予算を超える e----- **the budget**	exceed
16 ☐	魅力的な外観 **attractive** a---------	appearance

17 ☐	販売戦略 **sales s-------**	**strategy**
18 ☐	製品開発 **product d----------**	**development**
19 ☐	効果的なアプローチ **e-------- approach**	**effective**
20 ☐	魅力的な特徴 **a--------- feature**	**attractive**
21 ☐	新しいチャンスを探る **e------ new opportunities**	**explore**
22 ☐	要点を明確にする **c------ the point**	**clarify**
23 ☐	払い戻ししてもらう **get r---------**	**reimbursed**
24 ☐	ガイド付ツアー **g----- tour**	**guided**
25 ☐	費用の見積もり **cost e-------**	**estimate**
26 ☐	売上の増加 **i------- in sales**	**increase**
27 ☐	予算を割り当てる **a------- a budget**	**allocate**
28 ☐	出張費、旅費 **travel e-------**	**expenses**
29 ☐	手頃な価格 **a--------- price**	**affordable**
30 ☐	売上の急激な減少 **sharp d------ in sales**	**decline**
31 ☐	最後の議題 **last i--- on the agenda**	**item**
32 ☐	製品を宣伝する **a-------- a product**	**advertise**
33 ☐	小売店 **r----- store**	**retail**

34 ☐	現行版 c------- **edition**	current
35 ☐	施設を見学する t--- **a facility**	tour
36 ☐	強い存在感を確立する e-------- **a strong presence**	establish
37 ☐	予算の制約 **budget** c----------	constraint
38 ☐	最近の購入 r----- **purchase**	recent
39 ☐	商品を交換する e------- **items**	exchange
40 ☐	主な関心事 **main** c------	concern
41 ☐	割引された価格 m---------- **price**	marked-down
42 ☐	未払額 o---------- **balance**	outstanding
43 ☐	広告を出す p---- **an advertisement**	place
44 ☐	マニュアルを参照する r---- t- **the manual**	refer to
45 ☐	彫刻を呼び物にする f------ **sculptures**	feature
46 ☐	製品を宣伝する p------ **a product**	promote
47 ☐	契約書にサインする **sign a** c-------	contract
48 ☐	売上を上げる b---- **sales**	boost
49 ☐	修正する **make** r--------	revisions
50 ☐	機密の資料 c----------- **document**	confidential

TOEIC® L&Rテスト
ボキャブラリーブースター

Unit 6

Eメール

Haliday Appliances is known for its ①exceptional service. We have been ②serving customers for more than 50 years. You will be happy to know we now ③offer a loyalty program with generous benefits.

ハリデイ・アプライアンスは、その①格別なサービスで知られています。私どもは50年以上にわたり、②顧客の皆さまにサービスをご提供してきました。この度、手厚い特典がつく③ポイントサービスをご提供することになったので、皆さまに喜んでいただけると思います。

☐ **exceptional service** [iksépʃənl sə́:rvis]
格別なサービス
　🖌 形容詞exceptionalは直訳すると「例外的な」の意味。普通と比べて例外的な素晴らしさを意味し、excellentの同義語としても使われる。
　☐ exception 名例外

☐ **serve customers** [sə́:rv kʌ́stəmərz]
顧客にサービスを提供する
　🖌 serveは「〜に提供する、仕える」という意味の他動詞。レストランで食事をserveする人（waiter, wairess）をserverという。

☐ **offer a loyalty program** [ɔ́:fər ə lɔ́iəlti próugræm]
ポイントサービスを提供する
　🖌 loyaltyは「（顧客がある店に対して示す）忠義、誠実」という意味の名詞。
　☐ loyal 形忠実な、忠誠心のある

Boost-Up

☐ **courteous attitude** [kə́:rtiəs ǽtitjù:d]
礼儀正しい態度
　🖌 courteousは「礼儀正しい」という意味の形容詞。politeの同義語。

☐ **fill out a questionnaire** [fíl áut ə kwèstʃənéər]
アンケートに記入する
　🖌 fill out 〜 で「〜に記入する」の意味。代わりにcompleteを使うこともできる。

Score-Up Booster

Part 5では、have been servingのような能動態の現在完了進行形が問われるケースもある。受動態の現在完了形（have been servedなど）と混同しないように理解しておきたい。

記事

MacFarlane Industries now has a new ①manufacturing plant in Sheffield. The plant's ②state-of-the-art equipment is providing a lot of benefits. Most importantly, it has ③improved workplace safety.

マクファーレン・インダストリーズは現在、シェフィールドに新しい①製造工場を持っています。その工場の②最新の機器が、多くの利益をもたらしています。何より重要なのは、③職場の安全性が改善されたことです。

☐ **manufacturing plant** [mæ̀njufǽktʃəriŋ plǽnt]
製造工場
✐ plantは「工場」という意味の名詞。factoryと言い換えることもできる。

☐ **state-of-the-art equipment** [stéit əv ði ɑ́:rt ikwípmənt]
最新の機器
✐ state-of-the-artは「最新の、最先端の」という意味の形容詞。latestやnewestの同義語。

☐ **improve workplace safety** [imprú:v wə́:rkplèis séifti]
職場の安全性を改善する
✐ improveは「～を改善する、向上させる」という意味の他動詞。
☐ improvement 图改善

Boost-Up

☐ **manufacture new products** [mæ̀njufǽktʃər njú: prɑ́:dʌkts]
新製品を製造する
✐ manufactureは「～を製造する、生産する」という意味の他動詞。
☐ manufacturer 图製造業者

☐ **work the morning shift** [wə́:rk ðə mɔ́:rniŋ ʃíft]
早番で働く
✐ 遅番はevening shiftまたはnight shiftという。

Score-Up Booster

工場に関する話題では、最新の機械や安全規則などが多く出題される。冒頭で概要について把握したうえで、改善された点や規則の内容などの詳細を理解することが求められる。

Workers are ①repaving a street in Holland Park. It ②has been closed to traffic for a week. There are detour signs posted to ③direct traffic away from the work area.

放送

作業員がホランドパークの①道路を舗装し直しています。そこは1週間前から②通行止めになっています。工事現場を回避するように③交通を整理するため、迂回路の標識が出ています。

☐ **repave a street** [riːpéiv ə stríːt]
道路を舗装し直す

🖎 pave（〜を舗装する）に「再び」を意味する接頭辞re-がついて、repave「〜を舗装し直す」という意味になっている。
☐ repavement 图再舗装　☐ pavement 图舗装、舗装道路

☐ **be closed to traffic** [bíː klóuzd tə trǽfik]
通行止めである

🖎 trafficは「通行、交通（量）」という意味の名詞。

☐ **direct traffic** [dáirekt trǽfik]
交通整理をする

🖎 他動詞directはここでのような「〜を指揮する、指示を与える」のほかに、「（質問など）を〜に向ける」という意味でも使われる。
☐ direct questions to 〜　質問を〜に向ける

Boost-Up

☐ **detour sign** [díːtuər sáin]
迂回標識

🖎 detourは「迂回路、回り道」という意味の名詞。
☐ take a detour　迂回する

☐ **construction work** [kənstrʌ́kʃən wɜ́ːrk]
建設工事

🖎 constructionは「建設、建築工事」という意味の名詞。
☐ construct 他〜を建設する

Score-Up Booster

It has been closed to traffic for a week.には、現在完了形（has been closed）が使われており、「1週間前に通行止めになり、今も通行止めが継続中であること」が示されている。

W: It looks like that office building is ①searching for tenants.

M: It's certainly ②situated in a convenient location.

W: Yes, it's ③easily accessible from the station.

会話

女性：あのオフィスビルは、①テナントを探しているようですね。

男性：間違いなく②便利な場所に位置していますよね。

女性：そうですよね、③駅から簡単にアクセスできますし。

☐ **search for tenants** [sə́:rtʃ fɔ́:r ténənts]

テナントを探す

🖊 tenantは「テナント、借家人」という意味の名詞。

☐ **be situated in a convenient location**

[bí: sítʃuèitid ín ə kənví:njənt loukéiʃən]

便利な場所に位置している

🖊 be situated in ～ で「～に位置する」の意味。be located in ～ で同じ意味になる。

☐ **easily accessible from the station**

[í:zili æksésəbl frʌm ðə stéiʃən]

駅から簡単にアクセスできる

🖊 accessibleは「アクセス可能な、入手可能な」という意味の形容詞。

☐ accessibility 【名】アクセスのしやすさ

Boost-Up

☐ **local residents** [lóukəl rézidənts]

地元の住民

🖊 住民はresident、住居はresidence。名前に「レジデンス」がつくマンションもよくある。

☐ **residential area** [rèzədénʃəl éəriə]

住宅街

🖊 residentialは「住宅の、居住の」という意味の形容詞。

☐ industrial area 工業地帯

Score-Up Booster

Part 5には、a (convenient) locationや(easily) accessible from the stationのように、（ ）内の形容詞や副詞を問う品詞問題が頻出する。

114-115

発言

It's time to ①relocate our headquarters. We need a building that can ②accommodate 1,000 people. I would like to remain in the Boston ③business district, though.

そろそろ①本社を移転する時期です。②1,000人を収容できるビルが必要ですね。でも、できればボストンの③ビジネス地区に残りたいですね。

□ **relocate our headquarters** [rì:loukéit. áuər hédkwɔ̀:rtərz]
本社を移転する
🖉 relocateは「〜を移転する」という意味の他動詞。moveの同義語。
□ relocation 名移転

□ **accommodate 1,000 people** [əkámədèit wʌn θáuznd pí:pl]
1,000人を収容できる
🖉 accommodateは「〜を収容できる」という意味のほかに、「〜を受け入れる、受容する」という意味もある他動詞。
□ accommodate your request 要求に応じる

□ **business district** [bíznis dístrikt]
ビジネス地区
🖉 districtは「地区、区域」という意味の名詞。

Boost-Up

□ **consider the possibility** [kənsídər ðə pàsəbíləti]
可能性を考慮する
🖉 considerは「〜を考慮する、よく考える」という意味の他動詞。
□ consideration 名考慮、検討　　□ take ~ into consideration 〜を考慮に入れる

□ **ongoing project** [ángòuiŋ prádʒekt]
進行中のプロジェクト
🖉 go onで「続く、続ける」を意味する。go onを形容詞化したものがongoing。

Score-Up Booster

We need a building that can accommodate 1,000 people.のthatは関係代名詞で、直前の名詞buildingの説明を追加している。関係代名詞は、名詞について節を用いて説明を続ける際に使われる。building that<どのようなものかというと>can accommodate 1,000 peopleという構造。

M: Should I send this by ①express mail?

W: I'd rather use a ②courier service. That way, you can ③keep track of the delivery.

会話

男性：これは①速達で送りましょうか？

女性：どちらかと言えば②宅配便を使いたいです。そうすれば、③配達を追跡することができますから。

□ **express mail** [iksprés méil]

速達

🖉 expressは「速達便の」という意味の形容詞。「急行の」の意味もある。

□ regular mail　普通郵便　　□ overnight delivery　翌日配達

□ **courier service** [kə́:riər sə́:rvis]

宅配便

🖉 courierは「宅配便業者」という意味の名詞。

□ delivery service　宅配便

□ **keep track of the delivery** [kí:p træk əv ðə dilívəri]

配達を追跡する

🖉 keep track of ~ で「~を追跡する、記録する」。ここではrecord（~を記録する）で言い換えることができる。

□ record working hours　労働時間を記録する

Boost-Up

□ **flexible payment option** [fléksəbl péimənt ápʃən(ɔ́pʃən)]

柔軟な支払いの選択肢

🖉 flexible は「柔軟な、融通の利く」という意味の形容詞。

□ flexibility　[名]柔軟性

□ **nominal fee** [námənl fíː]

わずかな料金

🖉 nominalは「わずかな」という意味の形容詞。minimal（最小限の）やsmall（小さい）の同義語。

Score-Up Booster

That way（そうすれば）とは、use a courier serviceを差している。Why does the woman suggest using a courier service?（女性はなぜ宅配便を使うことを提案していますか）のように、ストーリーの展開を理解することが求められる問題も多く出題される。

パンフ
レット

The FD100 electric bike has a ①rechargeable battery. You can ②connect a cable to charge it at home. It is typically necessary to ③replace the battery after about six years.

FD100電気自転車には①充電式の電池が搭載されています。②ケーブルをつなげば家庭で充電できます。通常6年ほどで、③電池を交換する必要があります。

☐ **rechargeable battery** [ritʃáːrdʒəbəl bǽtəri]
充電式の電池
🖉 rechargeableはre-(再び) charge(充電する)-able(できる)で構成されている。

☐ **connect a cable** [kənékt ə kéibl]
ケーブルをつなぐ
🖉 connectは「〜をつなぐ、接続する」という意味の他動詞。
☐ disconnect a cable　ケーブルを取り外す

☐ **replace a battery** [ripléis ə bǽtəri]
電池を交換する
🖉 replaceは「〜を交換する、取り換える」という意味の他動詞。
☐ replacement　[名]交換(品)、後任者

Boost-Up

☐ **run out of fuel** [rʌ́n áut əv fjúːəl]
燃料が切れる
🖉 run out of 〜 で「〜がなくなる」を意味し、燃料のほか時間などにも使える。
☐ run short of fuel　燃料が不足する

☐ **unplug a cable** [ʌnplʌ́g ə kéibl]
ケーブルを抜く
🖉 unplugは「〜を抜く」という意味の他動詞。接頭辞un-は「〜と逆の動作をする」を意味する。
☐ plug a cable　ケーブルをつなぐ

Score-Up Booster

ストーリー展開の理解には、代名詞が指すものを正しく理解することが必要。You can connect a cable to charge it at home.のitとは、FD100 electric bikeを指している。「速く読める」とは、これを無意識に行えるようになることを意味する。

メモ

Harper brand gloves ①are reasonably priced. We considered ②raising the price. However, the idea was rejected to help us ③survive in a competitive market.

ハーパー社の手袋は①手頃な価格がつけられています。社内で②価格を上げることが検討されました。しかし、③競争の激しい市場で生き残るために、その案は却下されました。

☐ **be reasonably priced** [bí: rí:zənəbli práist]
手頃な価格がつけられた
🖉 pricedは「価格のつけられた」という意味の形容詞。
☐ be competitively priced　手頃な価格がつけられた
☐ be affordably priced　手頃な価格がつけられた

☐ **raise the price** [réiz ðə práis]
価格を上げる
🖉 raiseには他動詞「～を上げる」と、名詞「上げること」の意味がある。

☐ **survive in a competitive market** [sərváiv ín ə kəmpétətiv má:rkit]
競争の激しい市場で生き残る
🖉 competitiveは「競争の激しい、競争力のある」という意味の形容詞。
☐ competition　图競争　　☐ compete　圓競争する

Boost-Up

☐ **relatively expensive** [rélətivli ikspénsiv]
比較的高い
🖉 relativelyは「比較的、割合に」という意味の副詞。

☐ **inevitable change** [inévətəbl tʃéindʒ]
避けられない変化
🖉 inevitableは「避けられない」という意味の形容詞。unavoidableの同義語。

Score-Up Booster

However（しかし）やBut（しかし）は、話を逆転させるため、ストーリー展開を指し示す語としては特に重要度が高い。そのため、これらの語に続く内容が設問の答えとなることも多い。

テキスト
メッセージ

Marie: We need to build ①interest in our services.

Brian: Michelle often ②comes up with innovative ideas.

Marie: I hope she can think of something ③in a timely manner.

マリー：我が社の①サービスへの興味を高めなくてはいけません。

ブライアン：ミシェルさんは、よく②革新的なアイデアを思いつきますよね。

マリー：③ただちに何か考えてもらえるとよいのですが。

☐ **interest in our service** [íntərəst ín áuər sə́:rvis]
サービスへの興味

✍ interest in ~ で「~への興味、関心」という意味。interestには「利息、利子」の意味もある。

☐ **come up with innovative ideas** [kʌ́m ʌ́p wíð ínəvèitiv(ínəvətiv) aidíəz]
革新的なアイデアを思いつく

✍ innovativeは「革新的な」という意味の形容詞。come up with ~ は「~を思いつく」という意味。

☐ innovation 【名】革新　　☐ innovate 【自】革新する　【他】~を導入する

☐ **in a timely manner** [ín ə táimli mǽnər]
ただちに

✍ in a timely fashion（ただちに）という表現もある。

Boost-Up

☐ **strengthen relations** [stréŋkθən riléiʃənz]
関係を強める

✍ strengthenは名詞strength（強み）に接尾辞-en（~する）を付けた単語。

☐ strength 【名】強み　　☐ strong 【形】強い

☐ **remain stable** [riméin stéibl]
安定した状態を保つ

✍ remain＋形容詞／名詞で「~の状態を保つ、~のままである」の意味。

☐ remain the same　同じ状態を保つ　　☐ remain standing　立ちっぱなしである

Score-Up Booster

come up with ~（~を思いつく）やput off ~（~を延期する）などのイディオムは、come up with an idea（アイデアを思いつく）やput off the meeting（会議を延期する）のように意味のかたまりで学習することで記憶しやすくなる。

ウェブサイト

①Language acquisition can take years. It ②requires repeated practice and effort. Our software will help you ③acquire the skills you need as quickly as possible.

①言語習得には何年もの時間がかかります。②反復練習と努力が必要とされます。当社のソフトウェアを利用することで、できる限り短時間で③スキルを習得することができます。

□ **language acquisition** [læŋgwidʒ ækwəzíʃən]
言語習得
🔥 acquisitionは「習得」という意味の名詞。企業の「買収」という意味もある。
□ acquire　他〜を習得する

□ **require repeated practice** [rikwáiər ripíːtid præktis]
反復練習が必要とされる
🔥 requireは「〜を必要とする」という意味の他動詞。
□ requirement　名必要条件、資格

□ **acquire skills** [əkwáiər skilz]
スキルを習得する
🔥 acquireは「〜を習得する、獲得する」という意味の他動詞。
□ acquire a company　会社を買収する

Boost-Up

□ **demonstrate your leadership** [démənstrèit júər líːdərʃip]
リーダーシップを発揮する
🔥 demonstrate は「発揮する、証明する」という意味の他動詞。
□ demonstration　名実演、証明

□ **rapid growth** [ræpid gróuθ]
急速な成長
🔥 growthは「成長、増加」という意味の名詞。
□ grow　自成長する　　□ grow rapidly　急速に成長する

Score-Up Booster

as 〜（形容詞／副詞）as ...（…と同じくらい〜）はよく使われる。as efficient as this（これと同じくらい効率的な）やtwice as efficiently as this（これの2倍効率的に）なども覚えておきたい。

01 ☐	早番で働く **work the morning s----**	shift
02 ☐	比較的高い **r--------- expensive**	relatively
03 ☐	柔軟な支払いの選択肢 **f------- payment option**	flexible
04 ☐	手頃な価格がつけられた **be reasonably p-----**	priced
05 ☐	顧客にサービスを提供する **s---- customers**	serve
06 ☐	建設工事 **c----------- work**	construction
07 ☐	ポイントサービスを提供する **offer a l------ program**	loyalty
08 ☐	ケーブルをつなぐ **c------ a cable**	connect
09 ☐	便利な場所に位置している **be s------- i- a convenient location**	situated in
10 ☐	1,000人を収容できる **a---------- 1,000 people**	accommodate
11 ☐	ただちに **i- - t----- m-----**	in a timely manner
12 ☐	地元の住民 **local r--------**	residents
13 ☐	充電式の電池 **r----------- battery**	rechargeable
14 ☐	電池を交換する **r------ a battery**	replace
15 ☐	価格を上げる **r---- the price**	raise
16 ☐	配達を記録する **k--- t---- o- the delivery**	keep track of

17 ☐	速達 e------ mail	express
18 ☐	サービスへの興味 i------- i- our service	interest in
19 ☐	駅から簡単にアクセスできる easily a--------- from the station	accessible
20 ☐	格別なサービス e----------- service	exceptional
21 ☐	進行中のプロジェクト o------ project	ongoing
22 ☐	ケーブルを抜く u----- a cable	unplug
23 ☐	関係を強める s--------- relations	strengthen
24 ☐	職場の安全性を改善する i------ workplace safety	improve
25 ☐	道路を舗装し直す r----- a street	repave
26 ☐	礼儀正しい態度 c-------- attitude	courteous
27 ☐	リーダーシップを発揮する d----------- your leadership	demonstrate
28 ☐	宅配便 c------ service	courier
29 ☐	住宅街 r----------- area	residential
30 ☐	交通整理をする d----- traffic	direct
31 ☐	テナントを探す search for t------	tenants
32 ☐	急速な成長 rapid g-----	growth
33 ☐	反復練習が必要とされる r------ repeated practice	require

34 ☐	燃料が切れる r-- o-- o- **fuel**	run out of
35 ☐	新製品を製造する m---------- **new products**	manufacture
36 ☐	通行止めである **be closed to** t------	traffic
37 ☐	言語習得 **language** a----------	acquisition
38 ☐	本社を移転する **relocate our** h-----------	headquarters
39 ☐	可能性を考慮する c------- **the possibility**	consider
40 ☐	迂回標識 d----- **sign**	detour
41 ☐	スキルを習得する a------ **skills**	acquire
42 ☐	最新の機器 s--------------- **equipment**	state-of-the-art
43 ☐	避けられない変化 i--------- **change**	inevitable
44 ☐	ビジネス地区 **business** d-------	district
45 ☐	安定した状態を保つ r----- **stable**	remain
46 ☐	製造工場 **manufacturing** p----	plant
47 ☐	競争の激しい市場で生き残る **survive in a** c---------- **market**	competitive
48 ☐	革新的なアイデアを思いつく c--- u- w--- **innovative ideas**	come up with
49 ☐	わずかな料金 n------ **fee**	nominal
50 ☐	アンケートに記入する f--- o-- **a questionnaire**	fill out

TOEIC® L&Rテスト
ボキャブラリーブースター

Unit 7

議事録

At the general meeting, Mr. Smith ①provided a general overview of the project. He ②made a precise prediction about how much it would cost. Finally, he ③detailed a plan to find investors.

総会で、スミスさんが①プロジェクトの概要を伝えました。どれだけ費用がかかるか、②正確な予測をしました。最後に、投資家を探すための③計画の詳細を説明しました。

□ **provide an overview of the project**
[prəváid ən óuvərvjùː əv ðə prádʒekt]
プロジェクトの概要を伝える
🖉 overviewは「概要、全体像」という意味の名詞。反対がdetail（詳細）。

□ **make a precise prediction** [méik ə prisáis pridíkʃən]
正確な予測をする
🖉 preciseは「正確な」という意味の形容詞。accurateやcorrectの同義語。

□ **detail a plan** [díːteil ə plǽn]
計画の詳細を説明する
🖉 detailには他動詞「〜を詳しく説明する」と名詞「詳細」の意味がある。
□ provide details　詳細を提供する

Boost-Up

□ **give a concise explanation** [gív ə kənsáis èksplənéiʃən]
簡潔に説明する
🖉 conciseは「簡潔な」という意味の形容詞。briefやshortの同義語。

□ **capture the essence** [kǽptʃər ði ésns]
本質をつかむ
🖉 画面キャプチャのcaptureも同じ単語で「〜を取り込む」の意味。
□ capture an image　画像を取り込む

Score-Up Booster

Part 7に議事録が出ることもある。参加者の肩書のほか、決定事項、次回への課題などの特定が求められることが多い。

広告

Jarrad's is a popular new ①catering company. We can provide meals for ②up to 100 people. We also ③serve a variety of beverages.

ジャラッズは、今人気の新規①仕出し業者です。当社は②最大100人までのお食事をご用意できます。また、様々な③飲み物をご提供します。

☐ **catering company** [kéitəriŋ kʌ́mpəni]
仕出し業者
🖊 cateringは「仕出し」という意味の名詞。catering companyは、Part 2からPart 7まで、幅広く登場する。
☐ cater 他〜を仕出しする

☐ **up to 100 people** [ʌ́p tə wʌ́n hʌ́ndrəd píːpl]
最大100人まで
🖊 up to 〜 は「最大〜まで」という意味で、定員や制限を伝える際に使われる。

☐ **serve beverages** [sə́ːrv bévəridʒiz]
飲み物を提供する
🖊 beverageは「飲み物」という意味の名詞。

Boost-Up

☐ **make a choice** [méik ə tʃɔ́is]
選択する
🖊 chooseの1単語で表すこともできる。pickやselectも「〜を選択する」を意味する。
☐ choose 他〜を選ぶ

☐ **authentic food** [ɔːθéntik fúːd]
本場の食べ物
🖊 authenticは「本場の、本物の、真正の」という意味の形容詞。
☐ authentic Indian cuisine 本場のインド料理

Score-Up Booster

catering companyはTOEICによく登場する。どのようなイベントへの仕出しか、人数はどのくらいか、メニューは何か、などを正確に聞き取りたい。

広告

Dudley Food supplies ingredients for a lot of ①traditional cuisines. The company uses ②agricultural products from local suppliers. They are usually fresher than those found in supermarket ③produce sections.

ダドリー・フードは、多くの①伝統的な料理の材料を供給しています。当社は地元の供給業者が生産する②農産物を扱っています。スーパーの③青果コーナーに置いてあるものより、新鮮であることが多いためです。

☐ **traditional cuisine** [trədíʃənl kwizíːn]
伝統的な料理
🖉 cuisineは「料理」という意味の名詞。

☐ **agricultural product** [æ̀grikʌ́ltʃərəl prɑ́dʌkt]
農産物
🖉 agriculturalは「農業の」という意味の形容詞。
☐ agriculture 名農業

☐ **produce section** [prɑ́djuːs sékʃən]
青果コーナー
🖉 produceは「農産物、野菜と果物」という意味の名詞。「乳製品コーナー」はdairy sectionという。
☐ produce 他〜を生産する、製造する

Boost-Up

☐ **harvested fruit** [háːrvistid frúːt]
収穫された果物
🖉 harvestは「〜を収穫する」という意味の他動詞。名詞で「収穫、収穫物」の意味もある。

☐ **grain yield** [gréin jíːld]
穀物の生産量
🖉 yieldは「生産量、収穫高」のほかに、「収益」という意味もある名詞。
☐ yield 他〜を産出する

Score-Up Booster

They are usually fresher than those found in supermarket produce sections.
のthoseとは、前の文に出てくるagricultural productsのこと。「地元の供給業者の農産物」と「スーパーマーケットで売られている農産物」を比較している。

記事

Salas Corporation is looking to ① expand its business globally. To do that, it will rely on ② local labor. It will ③ simplify the process of hiring staff by relying on employment agencies.

サラス株式会社は①事業を世界に拡大しようとしています。そのためには、②現地の労働者に頼ることになります。人材紹介会社に頼ることで、従業員採用の③プロセスを簡略化します。

☐ **expand business globally** [ikspǽnd bíznis glóubəli]
事業を世界に拡大する
✐ expandは「〜を拡大する」という意味の他動詞。
☐ expansion 名拡大

☐ **local labor** [lóukəl léibər]
現地の労働者
✐ localは「現地の、地元の」という意味の形容詞。フレーズはlocal workerと言い換え可能。

☐ **simplify the process** [símpləfài ðə práses(próuses)]
プロセスを簡略化する
✐ simplifyは「〜を簡略化する、平易にする」という意味の他動詞。形容詞simpleに、接尾辞-fy（〜化する）で構成されている。
☐ simplification 名簡略化

Boost-Up

☐ **diverse workforce** [divə́:rs(daivə́:rs) wə́:rkfɔ:rs]
多様な従業員
✐ diverseは「多様な、様々な」という意味の形容詞。
☐ diversity 名多様性　☐ diversify 自多様化する

☐ **optimize a process** [áptəmàiz ə práses(próuses)]
処理を最適化する
✐ optimizeは「〜を最適化させる」という意味の他動詞。
☐ optimization 名最適化　☐ optimal 形最適な

Score-Up Booster

「事業拡大」に向けて「現地の労働者に頼る」という方法。さらに「採用プロセスの簡略化」を目的として、「人材紹介会社に頼る」というHowやWhyの理解がハイスコア獲得には求められる。

W: How do you ①get so many things done each day?

M: I just ②stay focused on my goal until everything is finished.

W: What do you do after you ③achieve your target?

会話

女性：どうすれば毎日それだけ①多くのことをやり遂げられるのですか？

男性：全部をやり終えるまで、②目標に集中し続けるだけです。

女性：③目標を達成したら、何をするんですか？

☐ **get things done** [gét θiŋz dʌn]
やり遂げる

⊘ get＋目的語＋過去分詞のフレーズで、「（目的語）を〜の状態にする」の意味。ほかにget my car repaired（車を修理してもらう）という使い方もある。

☐ **stay focused on my goal** [stéi fóukəst ɑn mái góul]
目標に集中し続ける

⊘ stay focusedのfocusedは形容詞。focus on 〜 で「〜に注意を集中させる」の意味。

☐ **achieve a target** [ətʃíːv ə táːrgit]
目標を達成する

⊘ achieveは「〜を達成する」という意味の他動詞。

☐ achievement 名達成

Boost-Up

☐ **study intensively** [stʌ́di inténtsivli]
集中的に勉強する

⊘ intensivelyは「集中的に」という意味の副詞。

☐ intensive 形集中的な　　☐ intensity 名激しさ

☐ intensify 他〜を増強させる

☐ **multiple choices** [mʌ́ltəpl tʃɔ́isiz]
複数の選択肢

⊘ multipleは「複数の、多数の」という意味の形容詞。「2」以上であればmultipleと言える。

Score-Up Booster

stay focusedは「stay＋形容詞」で、「（形容詞）のままでいる」という意味。この形は、ほかにstay tuned（チャンネルをそのままにする）、stay seated（座ったままでいる）などがある。

お知らせ

Seyfried's Supermarket will ①be temporarily closed from 7:00
P.M. tomorrow. Our refrigeration system will be ②undergoing
maintenance. We expect to ③resume operation at 10:00 P.M.

サイフリッズ・スーパーマーケットは明日午後7時より、①一時的に閉鎖されます。冷却装置の②メンテナンスがあるためです。③午後10時に営業を再開する予定です。

□ **be temporarily closed** [bí: tèmpərérəli klóuzd]
一時的に閉鎖される
🖉 temporarilyは「一時的に」という意味の副詞。
□ temporary 形一時的な

□ **undergo maintenance** [ʌ̀ndərgóu méintənəns]
メンテナンスを受ける
🖉 undergoは「～を受ける」という意味の他動詞。
□ undergo training　トレーニングを受ける

□ **resume operation** [rizú:m àpəréiʃən]
営業を再開する
🖉 resumeは「～を再開する」という意味の他動詞。
□ resumption 名再開

Boost-Up

□ **inspect the machinery** [inspékt ðə məʃí:nəri]
機械類を点検する
🖉 inspectは「～を点検する、検査する」という意味の他動詞。
□ inspection 名点検　□ inspector 名検査官

□ **prevent rust** [privént rʌ́st]
さびを防ぐ
🖉 rustは「さび」という意味の名詞。
□ rusty 形さびた

Score-Up Booster

メンテナンスやinspection（点検）の話題は頻出する。作業にまつわる注意事項や再開の日程などが提示される。resume（再開する）は「履歴書」と同じスペリングだが、TOEICの場合は「履歴書」はrésuméと表記される。

記事

> The government granted ①a sizable amount of money to many
> businesses. The funds ②were equally allocated. It will take
> some time to ③prove the effectiveness of the plan.
>
> 政府は①かなりの金額を多くの企業に交付しました。資金は②平等に割り当てられました。
> 計画の③効果を証明するまでにはしばらく時間がかかるでしょう。

□ **a sizable amount of money** [ə sáizəbl əmáunt əv mʌ́ni]
　かなりの金額
　⌀ sizableは「かなり多い、かなり大きい」という意味の形容詞。
　□ a large amount of money　かなりの金額

□ **be equally allocated** [bí: í:kwəli ǽləkeitid]
　平等に割り当てられる
　⌀ equallyは「平等に」という意味の副詞。
　□ equal　形 平等な

□ **prove the effectiveness** [prú:v ði i:féktivnəs]
　効果を証明する
　⌀ proveは「～を証明する、立証する」という意味の他動詞。
　□ proof　名 証明、証拠

Boost-Up

□ **unprecedented scale** [ʌnprésədentid skéil]
　前例のない規模
　⌀ unprecedentedは「前例のない」という意味の形容詞。接頭辞un-が「～ではない」、
　precedentedが「前例がある」と覚える。

□ **adopt a new technology** [ədɑ́pt ə njú: teknɑ́lədʒi]
　新しい技術を採用する
　⌀ adoptは「～を採用する、採択する」という意味の他動詞。
　□ adoption　名 採用

Score-Up Booster

英語のまま理解するには、構文の知識やチャンク（塊）での理解が要求される。It will take
some time to prove the effectiveness of the plan.の「It takes＋時間＋to＋動作」で
「時間がかかる＋動作するのに」などの構文は押さえておく。

> Pleacesu is a brand of ①upscale cosmetics. They can be used
> to ②revitalize your skin. There is usually a ③noticeable result in
> a matter of days.
>
> プリーセスは①高級化粧品のブランドです。②肌を活性化させるためにご使用いただけます。通常はほんの数日間で、③目立った効果が得られます。

ウェブ
サイト

□ **upscale cosmetics** [ʌ́pskéil kɑzmétiks]
高級化粧品
🖉 upscaleは「高級な、豪勢な」という意味の形容詞。high-class cosmeticsと言い換え可能。

□ **revitalize your skin** [rìváitəlaiz júər skín]
肌を活性化させる
🖉 revitalizeは「〜を活性化させる、再び活気を与える」という意味の他動詞で、re-（再び）、vital（元気な）、-ize（〜化する）で構成される。-izeや-yzeは動詞の接尾辞。
□ vitalize　他〜に活気を与える

□ **noticeable result** [nóutisəbl rizʌ́lt]
目立った効果
🖉 notice（気づく）に-able（できる）で、noticeable「気づくことができるほど目立った」という意味になる。

Boost-Up

□ **ideal outcome** [aidí:əl áutkʌm]
理想的な結果
🖉 outcomeは「結果」という意味の名詞。come out（現れる）したもののこと。

□ **top-of-the-line product** [táp əv ðə láin prádʌkt]
最高級品
🖉 top-of-the-lineは「最高級の、トップ商品の」という意味の形容詞。

Score-Up Booster

商品やサービスの宣伝では、特徴や効用の聞き取りや読み取りが求められ、問題としても問われる。なお、期間限定のオファーなどが付く場合もある。

> Eメール
>
> Maxline is looking to hire someone to ①translate foreign languages into English. ②Grammatical accuracy is extremely important. Experience as a ③simultaneous interpreter will be a big advantage.
>
> マックスラインは①外国語を英語に翻訳する人材を探しています。②文法的な正確さが大変重要になります。③同時通訳者としての経験は、大きな強みとなります。

□ **translate foreign languages into English**
[trænsleit(traénzleit) fɔ́:rən læŋgwidʒiz ìntə íŋgliʃ]
外国語を英語に翻訳する
🖉 translate ~ into ...で「～を…に翻訳する」という意味。
□ translation 名翻訳

□ **grammatical accuracy** [grəmætikəl ækjurəsi]
文法的な正確さ
🖉 accuracyは「正確さ」という意味の名詞。correctnessと言い換えることもできる。
□ accurate 形正確な

□ **simultaneous interpreter** [sàiməltéiniəs intə́:rpritər]
同時通訳者
🖉 simultaneousは「同時に起こる」という意味の形容詞。
□ simultaneously 副同時に

Boost-Up

□ **fluency in English** [flú:ənsi ín íŋgliʃ]
英語の流暢さ
🖉 fluencyは「流暢さ」という意味の名詞。
□ fluent 形流暢な

□ **correct usage** [kərékt jú:sidʒ]
正しい使い方
🖉 usageは「使い方、使用（法）」という意味の名詞。また、proper use（適切な使用）のように、use（～を使う）を名詞で使うと「使用」という意味になる。

Score-Up Booster

求人広告系の内容では、資格や条件がNOT問題で問われることが多い。マルチプルパッセージでは、求人広告に書かれた資格・条件と、応募者が持つ資格を照合する問題も出題される。

記事

Employees at Henderson Publishing have to deal with a
①constantly changing environment. There have been many
②dramatic changes to the way books are published. Despite
this, the company has had an ③increase in annual revenue.

ヘンダーソン出版の従業員は、①絶えず変化する環境に対応する必要があります。書籍の
出版方法には、多くの②劇的な変化がありました。それにも関わらず、同社は③歳入を増
やしています。

☐ **constantly changing environment**
[kánstəntli tʃéindʒiŋ inváiərənmənt]
絶えず変化する環境
🔥 constantlyは「絶えず」という意味の副詞。フレーズは副詞＋分詞＋名詞の語順。

☐ **dramatic change** [drəmǽtik tʃéindʒ]
劇的な変化
🔥 dramaticは「劇的な、急激な」という意味の形容詞。

☐ **increase in annual revenue** [ínkriːs ín ǽnjuəl révənjùː]
歳入を増やす
🔥 revenue「歳入、収入」という意味の名詞。income（収入）の同義語。
☐ annual income　年収

Boost-Up

☐ **improve stability** [imprúːv stəbíləti]
安定性を向上させる
🔥 stabilityは「安定性」という意味の名詞。
☐ stable　形 安定している

☐ **maximize added value** [mǽksəmàiz ǽdid vǽljuː]
付加価値を最大化する
🔥 maximizeは「〜を最大にする」という意味の他動詞。対義語は、minimize（〜を最小
にする）。

Score-Up Booster

Employees (at Henderson Publishing) have to deal with ... は、主語がEmployees
で複数形のため、対応する動詞はhaveである。（　）内の語句はEmployeesの説明を追加し
ている。Part 5では、主語と動詞の形を合わせる「主述の一致」が問われることもある。

01 ☐	本質をつかむ c------ **the essence**	capture
02 ☐	事業を世界に拡大する e----- **business globally**	expand
03 ☐	目立った効果 n--------- **result**	noticeable
04 ☐	簡潔に説明する give a c------ **explanation**	concise
05 ☐	さびを防ぐ prevent r---	rust
06 ☐	穀物の生産量 grain y----	yield
07 ☐	効果を証明する p---- **the effectiveness**	prove
08 ☐	外国語を英語に翻訳する t-------- **foreign languages** i--- **English**	translate, into
09 ☐	新しい技術を採用する a---- **a new technology**	adopt
10 ☐	処理を最適化する o------- **a process**	optimize
11 ☐	機械類を点検する i------ **the machinery**	inspect
12 ☐	計画の詳細を説明する d----- **a plan**	detail
13 ☐	複数の選択肢 m------- **choices**	multiple
14 ☐	高級化粧品 u------ **cosmetics**	upscale
15 ☐	前例のない規模 u------------ **scale**	unprecedented
16 ☐	青果コーナー p------ **section**	produce

17 ☐	農産物 a----------- **product**	agricultural
18 ☐	収穫された果物 h-------- **fruit**	harvested
19 ☐	平等に割り当てられる **be equally** a--------	allocated
20 ☐	付加価値を最大化する m------- **added value**	maximize
21 ☐	文法的な正確さ **grammatical** a-------	accuracy
22 ☐	プロジェクトの概要を伝える **provide an** o------- **of the project**	overview
23 ☐	仕出し業者 c------- **company**	catering
24 ☐	歳入を増やす **increase in annual** r------	revenue
25 ☐	集中的に勉強する **study** i----------	intensively
26 ☐	絶えず変化する環境 c--------- **changing environment**	constantly
27 ☐	理想的な結果 **ideal** o------	outcome
28 ☐	英語の流暢さ f------ **in English**	fluency
29 ☐	やり遂げる **get things** d---	done
30 ☐	最高級品 t-------------- **product**	top-of-the-line
31 ☐	多様な従業員 d------ **workforce**	diverse
32 ☐	正確な予測をする **make a** p------ **prediction**	precise
33 ☐	劇的な変化 d------- **change**	dramatic

34 ☐	安定性を向上させる **improve** s--------	stability
35 ☐	肌を活性化させる r--------- **your skin**	revitalize
36 ☐	一時的に閉鎖される **be** t---------- **closed**	temporarily
37 ☐	目標を達成する a------ **a target**	achieve
38 ☐	営業を再開する r----- **operations**	resume
39 ☐	目標に集中し続ける **stay** f------ o- **my goal**	focused on
40 ☐	プロセスを簡略化する s------- **the process**	simplify
41 ☐	飲み物を提供する **serve** b--------	beverages
42 ☐	伝統的な料理 **traditional** c------	cuisine
43 ☐	現地の労働者 l---- **labor**	local
44 ☐	同時通訳者 s----------- **interpreter**	simultaneous
45 ☐	かなりの金額 **a** s------ **amount of money**	sizable
46 ☐	最大100人まで u- t- **100 people**	up to
47 ☐	本場の食べ物 a-------- **food**	authentic
48 ☐	選択する **make a** c-----	choice
49 ☐	メンテナンスを受ける u------ **maintenance**	undergo
50 ☐	正しい使い方 c------ **usage**	correct

TOEIC® L&Rテスト
ボキャブラリーブースター

Unit 8

電話の会話

> W: I'm just calling to ①remind you about the meeting tomorrow.
> M: I'll ②be out of town tomorrow, Jane.
> W: Let's ③discuss this further after lunch, then.

女性：明日の①会議のことを思い出してもらうために、お電話しています。
男性：明日は②出張でいないんですよ、ジェーン。
女性：それについては、昼食後に③さらに話し合いましょう。

□ **remind you about the meeting** [rimáind júː əbáut ðə míːtiŋ]
会議のことを思い出させる
⟡ remindは「〜を思い出させる、気づかせる」という意味の他動詞。

□ **be out of town** [bíː áut əv táun]
出張でいない
⟡ out of townで「街を離れて」を意味し、ビジネスの場では、「出張でいない」として使える。

□ **discuss further** [diskʌ́s fə́ːrðər]
さらに話し合う
⟡ furtherは「さらに深く、詳しく」という意味の副詞。形容詞も同じ形で「さらなる、より一層の」という意味になる。
□ further information　さらに詳しい情報

Boost-Up

□ **recipient of an e-mail** [risípiənt əv ən íːmeil]
Eメールの受信者
⟡ recipientは「受信者、受取人」という意味の名詞。

□ **urgent matter** [ə́ːrdʒənt mǽtər]
緊急事態、急用
⟡ urgentは「緊急の」という意味の形容詞。
□ urgency　[名]緊急（性）

Score-Up Booster

I'm calling to 〜 で「〜するために電話をしています」と目的を伝える表現。Part 3の会話のほか、Part 4の留守番電話でもよく使われる慣用表現。ほかに、I'm calling about 〜「〜について電話をしています」もよく使われる。

新事業立ち上げに関するスピーチ 150-151

スピーチ

It is normal to ①run into problems when launching a new business. Experienced business people know to fix issues ②in order of priority. They keep a clear head to ③judge situations appropriately.

新規事業を立ち上げようとする時に、①問題にぶつかるのは当たり前のことです。経験豊富なビジネスパーソンは、②優先順に従って問題を解決すべきだということを知っています。彼らは③状況を適切に判断するために、冷静さを保つのです。

□ **run into a problem** [rʌn ìntə ə práblǝm]
問題にぶつかる
　🖋 run into ~ で「~にぶつかる」の意味。

□ **in order of priority** [ìn ɔ́:rdǝr ǝv praiɔ́:rǝti]
優先順に従って
　🖋 in order of ~ で「~の順番で」の意味。
　□ in order of importance　重要度順に　　□ in order of preference　好きな順に

□ **judge situations appropriately** [dʒʌdʒ sìtʃuéiʃǝnz ǝpróupriǝtli]
状況を適切に判断する
　🖋 appropriatelyは「適切に」という意味の副詞。反意語はinappropriately（不適切に）。
　□ appropriate　形 適切な

Boost-Up

□ **face an obstacle** [féis ǝn ábstǝkl]
障害に直面する
　🖋 faceは「~と向き合う」という意味の他動詞。face a door（ドアの方を向く）などで Part 1に出ることもある。

□ **tackle a difficult situation** [tǽkl ǝ dífikʌlt sìtʃuéiʃǝn]
難しい状況に取り組む
　🖋 tackleは「~に取り組む」という意味の他動詞。
　□ handle the situation　状況に対処する　　□ address the situation　状況に対処する

Score-Up Booster

It is normal to run into problems ...の「It is＋形容詞＋to do」の構文は頻繁に使われる。It is important to study English.などを英語の語順で理解するためにも、訳す場合には文頭から「重要なのは、英語を勉強すること」という語順にするのがオススメ。

テキスト
メッセージ

Rita: This new software enables us to ①<u>share documents online</u>.

Mitch: Make sure it provides ②<u>secure access to the server</u>.

Rita: Right. We have a ③<u>large quantity</u> of confidential data.

リタ：この新しいソフトウェアを使えば、①オンラインで書類を共有することが可能になります。

ミッチ：②サーバーへの安全なアクセスが提供されることを確認しないといけませんね。

リタ：そうですね。うちには③膨大な量の機密データがありますから。

☐ **share a document online** [ʃέər ə dάkjumənt ánláin]
オンラインで書類を共有する
🖐 shareは「〜を共有する」という意味の他動詞。

☐ **secure access to the server** [sikjúər ǽkses tə ðə sə́ːrvər]
サーバーへの安全なアクセス
🖐 secureは「安全な」という意味の形容詞。動詞では「〜を確保する、固定する」の意味。
☐ secure a seat　座席を確保する　　☐ be secured to a pole　ポールに固定される

☐ **large quantity** [lάːrdʒ kwántəti]
膨大な量
🖐 quantityは「分量、数量」という意味の名詞。「質」はquality。

Boost-Up

☐ **reinforce security** [rìːinfɔ́ːrs sikjúərəti]
セキュリティを強化する
🖐 reinforceは「〜を強化する」という意味の他動詞。strengthenの同義語。
☐ reinforcement　图強化

☐ **essential factor** [isénʃəl fǽktər]
重要な要素
🖐 essentialは「重要な、不可欠の」という意味の形容詞。

Score-Up Booster

make sureは念押しする際によく使われる。Make sure it provides secure access to the server.のように「make sure (that)＋主語＋動詞」のほか、Make sure to lock the door.（確実に鍵を閉めてください）のように「make sure to 〜」という使い方もある。

メモ

Ms. Walters ①attempted to solve a problem in the shipping section. She ②implemented a new procedure to avoid the mislabeling of addresses. Her ③prompt action will help us avoid future errors.

ウォルターズさんは配送部門の①問題を解決しようとしました。住所の表示間違いを無くすための、②新しい手順を実施したのです。彼女の③迅速な行動は、今後の間違いを防ぐのに役立つでしょう。

□ **attempt to solve a problem** [ətémpt tə sálv ə prábləm]
問題を解決しようとする
🖉 attemptは「試みる」という意味の自動詞。名詞も同じ形で「試み、企て」。tryの同義語。

□ **implement a new procedure** [ímpləmènt ə njú: prəsí:dʒər]
新しい手順を実施する
🖉 implementは「～を実施する、実行する」という意味の他動詞。carry out ~ やconductと言い換え可能。
□ implementation 名実施

□ **prompt action** [prámpt ǽkʃən]
迅速な行動
🖉 promptは「迅速な、即座の」という意味の形容詞。quickの同義語。

Boost-Up

□ **get involved in trouble** [gét inválvd(inválvd) ín trʌ́bl]
問題に巻き込まれる
🖉 get involved in ~ は「～に巻き込まれる」のほかに、get involved in a project（プロジェクトに関わる）のように「～に関わる、参加する」という意味で、幅広く使われる。

□ **attribute our success to your efforts**
[ətríbjuːt áuər səksés tə júər éfərts]
成功は努力のおかげである
🖉 attribute ~ to ...という構造で「～が…のおかげである」の意味。
□ attribution 名帰属、属性

Score-Up Booster

接頭辞mis-は「誤って」の意味がある。mistake（～を誤解する）、misunderstand（～を勘違いする）、misplace（～を置き間違える）などのように、mis-に続く動詞を誤ることを示す。

お知らせ

The Hickory Gallery is closed while work crews complete a ①restoration of the building. The elevators are being replaced ②in compliance with safety regulations. Only people wearing ③protective gear are allowed to enter.

ヒッコリー・ギャラリーは作業員が①建物の修復を終えるまで閉館しています。エレベーターを②安全規則に従って交換しています。③防護服を着用している人だけが入館を許可されています。

☐ restoration of the building [rèstəréiʃən əv ðə bíldiŋ]
建物の修復

🖉 restorationは「修復、回復」という意味の名詞。

☐ in compliance with safety regulations
[ín kəmpláiəns wíð séifti règjəléiʃənz]
安全規則に従って

🖉 in compliance with ~ で「~に従う」の意味。ルール関係の単語が続くことが多い。

☐ protective gear [prətéktiv gíər]
防護服

🖉 ヘルメットなど、体を守るものの総称。protectiveは「保護する」という意味の形容詞。

☐ protect 〔他〕~を守る　　☐ protection 〔名〕防護、保護

Boost-Up

☐ operate a machine [ápərèit ə məʃíːn]
機械を操作する

🖉 operateは「~を操作する」という意味の他動詞。

☐ operation 〔名〕操作、運営、作戦

☐ restore the road [ristóːr ðə róud]
道路を修復する

🖉 restoreは「~を修復する」という意味の他動詞で、repair（~を修理する）の同義語。Part 7に橋の修復や歴史的建造物の修復などの話題がよく登場する。

Score-Up Booster

The elevators are being replacedは現在進行形の受動態。能動態に直すと、Work crews are replacing the elevators.のようになる。「be being＋過去分詞」は「~されている最中である」という動作を受けている最中を示し、Part 1の選択肢では必ず登場する。

158-159

報道

Last year, Vance Refrigeration ①merged with a foreign company. It now ②dominates the market. It is in an excellent position to ③take advantage of new opportunities.

昨年、ヴァンス冷却は①海外の会社と合併しました。今では②市場を独占しています。これは③新しい機会を生かすのに、最高の立場です。

☐ **merge with a foreign company** [mə́ːrdʒ wíð ə fɔ́ːrən kʌ́mpəni]
海外の会社と合併する
　 ⌀ mergeは「合併する」という意味の自動詞。
　 ☐ merger ［名］合併

☐ **dominate the market** [dámənèit ðə máːrkit]
市場を独占する
　 ⌀ dominateは「〜を独占する、支配する」という意味の他動詞。
　 ☐ domination ［名］支配　 ☐ dominant ［形］支配的な

☐ **take advantage of a new opportunity**
[téik ædvǽntidʒ əv ə njúː àpərtjúːnəti(ɔ̀pətjúːniti)]
新しい機会を生かす
　 ⌀ take advantage of ~ で「〜を利用する」の意味。

Boost-Up

☐ **entire business** [intáiər bíznis]
全事業
　 ⌀ entireは「全体の」という意味の形容詞。entire story（話全体）やentire building（建物全体）のようにも使われる。
　 ☐ entirely ［副］全体的に

☐ **aim for a higher target** [éim fɔ́ːr ə háiər táːrgit]
より高い目標を目指す
　 ⌀ aim for ~ は「〜を目指す」の意味。aim at a target（標的を狙う）のように、前置詞atを使うこともできる。

Score-Up Booster

合併に関する話題はTOEICでよく出題されるが、専門的な話は出てこない。理解が求められるのは、「合併される」会社についての概要や「合併による影響やメリット」などの詳細情報である。

記事

Geograin has developed seeds for farms in ①warmer climates.
It also enables them to ②grow crops in dry conditions. There are
even varieties for farms in ③mountainous regions.

ジオグレインは①暖かい気候の農地用に、種子を開発しました。さらに、乾燥した環境で
②作物を育てることも可能にします。③山岳地方の農地に適した品種もあるのです。

☐ **warm climate** [wɔ́:rm kláimit]
暖かい気候
🖉 warmは「暖かい、温かい」という意味の形容詞。
☐ warmth 名暖かさ

☐ **grow crops** [gróu krɑːps]
作物を育てる
🖉 cropは「農作物、収穫高」という意味の名詞。

☐ **mountainous region** [máuntənəs ríːdʒən]
山岳地方
🖉 regionは「地方、地域」という意味の名詞。形容詞はregional（地方の、地域の）。
☐ regional manager　地域マネージャー、地域を担当する責任者

Boost-Up

☐ **water a plant** [wɔ́:tər ə plǽnt]
植物に水をやる
🖉 waterは「〜に水をまく、かける」という意味の他動詞。

☐ **contain various vitamins** [kəntéin véəriəs vítəminz]
様々なビタミンを含む
🖉 variousは「様々な、いろいろな」という意味の形容詞。
☐ variety 名種類　　☐ vary 自異なる

Score-Up Booster

also（また、さらに）は情報を追加する際に使われる。ほかに、additionally（さらに）、in
addition（さらに）、moreover（そのうえ）などがあり、いずれも前に述べられたことに対して、
さらなる情報を追加することを示している。

プレス
リリース

HTF has spent a ①substantial amount on research. As a result, we have ②made huge leaps in AI technology. This has enabled us to accurately ③predict the future.

HTFは研究に①かなりの額を費やしました。その結果、我が社のAI技術は②大きく飛躍しました。これによって、正確に③未来を予想することが可能になりました。

□ **substantial amount** [səbstǽnʃəl əmáunt]
かなりの額[量]
🖋 substantialは「かなりの、相当な」という意味の形容詞。フレーズはsignificant amountやconsiderable amountと言い換え可能。

□ **make huge leaps** [méik hjúːdʒ líːps]
大きく飛躍する
🖋 leapは「飛躍、跳躍」という意味の名詞。jumpの同義語。

□ **predict the future** [pridíkt ðə fjúːtʃər]
未来を予想する
🖋 predictは「~を予想する、予測する」という意味の他動詞。
□ prediction 图予想、予測　　□ predictable 形予想できる、予測できる

Boost-Up

□ **be greatly influenced** [bíː gréitli ínfluəntst]
大きな影響を受けている
🖋 influenceは「~に影響を及ぼす」という意味の他動詞。「影響」という意味の名詞も同じ形。

□ **transformation of society** [trænsfərméiʃən əv səsáiəti]
社会の変革
🖋 transformationは「変革、変化」という意味の名詞。
□ transform 他~を変える

Score-Up Booster

Part 7の文挿入問題では、挿入する文にはキーワードがあることが多い。たとえば、挿入する文がThis has enabled us to accurately predict the future.の場合、Thisがキーワードとなり、前の文と、該当する文の内容のつながりを把握するヒントとなる。

メモ

Ms. Biggers has ①gained comprehensive knowledge of the manufacturing process. She also ②has a deep understanding of engineering. I hope that she will ③suggest a solution to our production problems.

ビガーズさんは、製造工程について①広範な知識を得ています。また、エンジニアリングに②深い理解があります。彼女が当社の製造上の問題に対して③解決策を提案してくれることを願っています。

☐ **gain comprehensive knowledge** [géin kàmprihénsiv nɑ́lidʒ]
広範な知識を得る
✐ comprehensiveは「広範な、包括的な」という意味の形容詞。
☐ comprehensiveness 图包括性　☐ comprehension 图包括、理解

☐ **have a deep understanding** [hǽv ə díːp ʌndərstǽndiŋ]
深い理解がある
✐ deepは「深い」という意味の形容詞。
☐ depth 图深さ　☐ deepen 他〜を深める

☐ **suggest a solution** [səgdʒést ə səlúːʃən]
解決策を提案する
✐ solutionは「解決策」という意味の名詞。solution to a problem（問題への解決策）のように、前置詞toが続くことが多い。

Boost-Up

☐ **perform a task** [pərfɔ́ːrm ə tǽsk]
業務を実行する
✐ performは「〜を実行する、遂行する」という意味の他動詞。
☐ performance 图実行、実績

☐ **diligent worker** [díləddʒənt wə́ːrkər]
勤勉な労働者
✐ diligentは「勤勉な」という意味の形容詞。hard-workingの同義語。
☐ diligence 图勤勉

Score-Up Booster

comprehensiveのような難しめの形容詞は、comprehensive knowledgeやcomprehensive guide（総合手引書）のように易しめの名詞とセットで学ぶと覚えやすい。

166-167

There is ①readily available information about promotion policies in the employee manual. Supervisors are also able to ②provide guidance if necessary. You should make sure you ③fulfill the requirements of the position before applying for a promotion.

お知らせ

昇進方針については、①すぐに手に入る情報が社員マニュアルに載っています。必要であれば上司が②指導を行うこともできます。昇進に申し込む際には、その職の③必要条件を満たしていることを確認してください。

□ **readily available information** [rédəli əvéiləbl ìnfərméiʃən]
すぐに手に入る情報
⚙ readilyは「すぐに、早速、簡単に」という意味の副詞。
□ ready 形準備ができている

□ **provide guidance** [prəváid gáidns]
指導を行う
⚙ guidanceは「指導、助言」という意味の名詞。

□ **fulfill the requirements** [fulfíl ðə rikwáiərmənts]
必要条件を満たす
⚙ fulfillは「～を満たす」という意味の他動詞。meet the requirementsと言い換え可能。
□ fulfillment 名実行、遂行

Boost-Up

□ **existing employee** [igzístiŋ emplɔíi]
既存の従業員
⚙ existingは「既存の、現存の」という意味の形容詞。current「現在の」の同義語。
□ exist 自存在する   □ existence 名存在

□ **for your reference** [fɔ́:r júər réfərəns]
参考までに
⚙ referenceは「参考」という意味の名詞。

Score-Up Booster

Supervisors are also able to provide guidance if necessary.のif necessaryは、if it is necessaryの省略形。ほかに、if needed (必要ならば) やif possible (可能ならば) などの省略形もある。

01	会議のことを思い出させる r----- you a---- the meeting	remind, about
02	かなりの額[量] s---------- amount	substantial
03	参考までに for your r--------	reference
04	山岳地方 mountainous r-----	region
05	出張でいない be o-- o- t---	out of town
06	さらに話し合う discuss f------	further
07	広範な知識を得る gain c------------ knowledge	comprehensive
08	迅速な行動 p----- action	prompt
09	大きな影響を受けている be greatly i---------	influenced
10	緊急事態、急用 u----- matter	urgent
11	機械を操作する o------ a machine	operate
12	防護服 p--------- gear	protective
13	新しい機会を生かす t--- a-------- o- a new opportunity	take advantage of
14	安全規則に従って i- c--------- w--- safety regulations	in compliance with
15	道路を修復する r------ the road	restore
16	成功は努力のおかげである a-------- our success t- your efforts	attribute, to

17 ☐	指導を行う **provide g-------**	guidance
18 ☐	すぐに手に入る情報 **r------ available information**	readily
19 ☐	業務を実行する **p------ a task**	perform
20 ☐	深い理解がある **have a d--- understanding**	deep
21 ☐	新しい手順を実施する **i-------- a new procedure**	implement
22 ☐	暖かい気候 **w--- climate**	warm
23 ☐	Eメールの受信者 **r-------- of an e-mail**	recipient
24 ☐	膨大な量 **large q-------**	quantity
25 ☐	難しい状況に取り組む **t----- a difficult situation**	tackle
26 ☐	優先順に従って **i- o---- o- priority**	in order of
27 ☐	大きく飛躍する **make huge l----**	leaps
28 ☐	勤勉な労働者 **d------- worker**	diligent
29 ☐	障害に直面する **f--- an obstacle**	face
30 ☐	問題にぶつかる **r-- i--- a problem**	run into
31 ☐	建物の修復 **r---------- of the building**	restoration
32 ☐	重要な要素 **e-------- factor**	essential
33 ☐	社会の変革 **t------------- of society**	transformation

34 ☐	未来を予想する p------ **the future**	predict
35 ☐	海外の会社と合併する m---- **with a foreign company**	merge
36 ☐	サーバーへの安全なアクセス s----- **access to the server**	secure
37 ☐	セキュリティを強化する r-------- **security**	reinforce
38 ☐	解決策を提案する **suggest a** s-------	solution
39 ☐	問題を解決しようとする a------ **to solve a problem**	attempt
40 ☐	状況を適切に判断する **judge situations** a------------	appropriately
41 ☐	より高い目標を目指す a-- f-- **a higher target**	aim for
42 ☐	既存の従業員 e------- **employee**	existing
43 ☐	問題に巻き込まれる g-- i------- i- **trouble**	get involved in
44 ☐	植物に水をやる w---- **a plant**	water
45 ☐	全事業 e----- **business**	entire
46 ☐	作物を育てる **grow** c----	crops
47 ☐	オンラインで書類を共有する s---- **a document online**	share
48 ☐	必要条件を満たす f------ **the requirements**	fulfill
49 ☐	市場を独占する d------- **the market**	dominate
50 ☐	様々なビタミンを含む **contain** v------ **vitamins**	various

TOEIC® L&Rテスト
ボキャブラリーブースター

Unit 9

> As mayor of Brisbane, I ①imagine a bright future for our city.
> This new park will ②bring about many positive impacts. My
> ③optimistic view is shared by local business leaders.

スピーチ

ブリスベンの市長として、私たちの街の①明るい未来を想像しています。この新しい公園は、多くの②良い影響をもたらすでしょう。私の③楽観的な見方は、地元のビジネスリーダーの皆さんと共有されたものであります。

☐ **imagine a bright future** [imǽdʒin ə bráit fjúːtʃər]
明るい未来を想像する
　🖊 imagineは「〜を想像する」という意味の他動詞。
　☐ imagination 名想像、想像力　　☐ imaginary 形想像上の

☐ **bring about a positive impact** [bríŋ əbáut ə pázətiv ímpækt]
良い影響をもたらす
　🖊 bring about 〜 は「（徐々に）〜をもたらす、引き起こす」の意味。

☐ **optimistic view** [àptəmístik vjúː]
楽観的な見方
　🖊 optimisticは「楽観的な」という意味の形容詞。be optimistic about 〜（〜について楽観的である）という形でも使われる。
　☐ optimism 名楽観

Boost-Up

☐ **pessimistic opinion** [pèsəmístik əpínjən]
悲観的な意見
　🖊 pessimisticは「悲観的な、厭世的な」という意味の形容詞。
　☐ pessimism 名悲観

☐ **be negatively affected** [bíː négətivli əféktid]
悪影響を受けている
　🖊 affectedは「影響を受けた」という意味の形容詞。
　☐ affected area 　影響を受けた地域

Score-Up Booster

Part 4のスピーチでは、Who most likely is the speaker?（話者はおそらく誰ですか）と問われることが多く、As mayor of Brisbane, I imagine a bright future for our city.のように、自分で「○○として、私は」と名乗る部分がヒントとなることがある。

171-172

> The seats in GAC cars are made of a new ①textile product. It is a ②durable fabric from Japan. It will ③set a higher standard for other companies to follow.
>
>
> パンフレット
>
> GACの自動車の座席は、新しい①織物製品でできています。日本製の②耐久性のある生地です。これは他社にとって追随すべき③より高い基準を設定することになります。

☐ **textile product** [tékstail prádʌkt]
織物製品
　🖉 textileは「織物、布地」という意味の名詞。Part 7などで登場することがある。

☐ **durable fabric** [djúərəbl fæbrik]
耐久性のある生地
　🖉 durableは「耐久性のある、永続性のある」という意味の形容詞。
　☐ durability　图耐久性

☐ **set a higher standard** [sèt ə hə́iər stǽndərd]
より高い基準を設定する
　🖉 standardは「基準、水準」という意味の名詞。
　☐ standardize　他〜を標準化する、規格化する

Boost-Up

☐ **lightweight material** [láitwèit mətíəriəl]
軽量素材
　🖉 materialは「素材、材料」という意味の名詞。

☐ **halt production** [hɔ́:lt prədʌ́kʃən]
製造を停止する
　🖉 haltは「〜を停止する」という意味の他動詞。stopの同義語。

Score-Up Booster

英文のIt will set a higher standard for other companies to follow.では、a higher standard（より高い基準）について、for other companies（他社が）to follow（追随する）のように、「誰がどうするためのより高い基準か」という情報が追加されている。

会議の発言

Ms. White is a very ①competent manager. In her ②opening remarks at the weekly meeting, she complimented the ③dedicated staff at the Westcoat branch.

ホワイトさんはとても①有能なマネージャーです。週1回の定例会議で②開会の言葉を述べる際、ウェストコート支店の③献身的なスタッフのことを褒めたのです。

☐ **competent manager** [kámpətənt mænidʒər]
有能なマネージャー
🖉 competentは「有能な、能力のある」という意味の形容詞。
☐ competency 名能力　☐ competence 名適性、力量

☐ **opening remarks** [óupəniŋ rimáːrks]
開会の言葉
🖉 remarkは「発言、見解、注目」という意味の名詞。同じ形で他動詞「～と述べる」の意味もある。
☐ remarkable 形注目すべき、顕著な

☐ **dedicated staff** [dédikèitid stæf]
献身的なスタッフ
🖉 dedicatedは「献身的な、熱心な」という意味の形容詞。
☐ dedication 名献身　☐ dedicate 他～を捧げる、～に専念する

Boost-Up

☐ **be entitled to a bonus** [bí: entáitld tə ə bóunəs]
ボーナスを受け取る資格がある
🖉 be entitled to ~ で「～の資格がある、～を受ける権利がある」の意味。

☐ **be commensurate with experience**
[bí:kəménsərət wíð ikspíəriəns]
経験に応じる
🖉 be commensurate with ~ で「～に応じる、～と等しい」を意味する。

Score-Up Booster

Part 5には、dedicatedのような「動詞から派生した形容詞」や「分詞」の問題も出題される。qualified applicant（資格のある応募者）やexperienced chef（経験豊富なシェフ）、certified instructor（公認のインストラクター）のような表現にも慣れておきたい。

175-176

I got a lot of ①practical advice from the instructors at Gledhill Gourmet College. There are many ②culinary experts on the staff. Students in the ③advanced course often get jobs in major restaurants.

ウェブサイト

グレッドヒル・グルメカレッジの講師の方々から、多くの①実用的なアドバイスをもらいました。スタッフには②料理の専門家が大勢います。③上級コースにいる生徒は、大手レストランでの職を得ることが多いです。

☐ **practical advice** [prǽktikəl ædváis]
実用的なアドバイス
🖉 practicalは「実用的な、現実的な」という意味の形容詞。advice（アドバイス、忠告）は不可算名詞。
☐ practicality 名実用性

☐ **culinary expert** [kʌ́linəri(kjú:lənèri) ékspə:rt]
料理の専門家
🖉 culinaryは「料理の」という意味の形容詞。料理関係の内容はTOEICに頻出。

☐ **advanced course** [ædvǽnst kɔ́:rs]
上級コース
🖉 advancedは「上級の、先進の」という意味の形容詞。難易度を示す他の語、elementary（初級の）、intermediate（中級の）にも注意。
☐ elementary course 初級コース　　☐ intermediate course 中級コース

Boost-Up

☐ **hands-on tips** [hǽndz ɑ́n tips]
実践的なコツ
🖉 hands-onは「実践の、実地の」。tipは「コツ、ヒント」という意味の名詞。

☐ **locally grown ingredients** [lóukəli gróun ingrí:diənts]
地元で育てられた食材
🖉 ingredientは「食材、材料」という意味の名詞。

Score-Up Booster

料理関係の語句には、kitchen utensils（調理器具）、cookware（調理器具）、silverware（銀食器）、pots and pans（鍋釜類）、cuisine（料理）などがよく登場する。

会話

W: I've been ①volunteering every week at the bazaar.

M: I heard you've been doing that ②for a while.

W: That's right. We donate the ③proceeds from the bazaar to an animal charity.

女性：バザーで①毎週ボランティアをしているんです。

男性：②しばらくの間やってらっしゃると聞いています。

女性：そうなんです。③バザーからの収益を、動物愛護団体に寄付しています。

☐ **volunteer every week** [vὰləntíər évri wíːk]

毎週ボランティアをする

⌒ volunteerは「ボランティアをする」という意味の自動詞。名詞と動詞が同じ形。

☐ volunteer 名 ボランティア、奉仕活動家

☐ **for a while** [fɔ́ːr ə hwáil]

しばらくの間

☐ **proceeds from the bazaar** [próusiːdz frʌm ðə bəzάːr]

バザーからの収益

⌒ proceedsは「収益、売上高」という意味の名詞。収益金を何に使うかなどの内容も TOEICに多く登場する。

Boost-Up

☐ **voluntary activity** [vάləntèri(vɔ́ləntəri) æktívəti]

自発的な活動

⌒ voluntaryは「自発的な、ボランティアの」という意味の形容詞。

☐ **be worth a try** [bí wə́ːrθ ə trái]

やってみる価値がある

⌒ worthは「〜の価値がある」という意味の形容詞。

☐ be worth 500 dollars 500ドルの価値がある

Score-Up Booster

寄付 (donation) やチャリティイベントの話題はTOEICで頻出する。proceeds (収益) の使い道としては、公共施設の修復 (repair, restoration) や慈善団体 (charitable organization) への寄付などが多い。

テキスト
メッセージ

Lena: We need to ①streamline the ordering process.

Tom: I'm ②aware of the importance of improving efficiency.

Lena: Well, it takes a ③considerable amount of time.

レナ：①注文プロセスを合理化する必要があります。

トム：効率を良くすることの②重要性を認識していますよ。

レナ：とにかく、③かなりの時間がかかりますからね。

☐ **streamline the process** [strí:mlàin ðə práses(próuses)]
プロセスを合理化する
🖉 streamlineは「～を合理化する」という意味の他動詞。効率を高めることに用いる。

☐ **be aware of the importance** [bí: əwéər əv ði impɔ́:rtəns]
重要性を認識する
🖉 be aware of ~ で「～を認識する、気づいている」の意味。
☐ awareness 图認識、気づき

☐ **considerable amount of time** [kənsídərəbl əmáunt əv táim]
かなりの時間
🖉 considerableは「かなりの、相当な」という意味の形容詞。
☐ considerably 副大幅に

Boost-Up

☐ **determine a direction** [dité:rmin ə dirékʃən(dairékʃən)]
方向性を決める
🖉 determineは「～を決定する、決心する」という意味の他動詞。
☐ determination 图決定、決心

☐ **unify the system** [jú:nəfài ðə sístəm]
システムを統合する
🖉 unifyは「～を統合する、統一する」という意味の他動詞。接頭辞uni-には「１つ」の意味
があるため、「１つにする＝統合する」と覚える。
☐ unification 图統合　☐ unity 图統一、結束

Score-Up Booster

ビジネスには「効率アップ」が付き物のため、TOEICにも頻出する。streamline the process
のほか、enhance work efficiency（作業効率を高める）、simplify a task（仕事を簡素化
する）など難しめの表現も多いが、しっかりと学んでおきたい。

This state's ①plentiful resources have made us rich. We must now find ways to solve our ②water shortage. We have gathered some experts to ③discuss the future outlook.

発言 この州の①豊富な資源が、私たちを裕福にしてくれました。今後は②水不足を解消する方法を探さなければいけません。③将来の展望を話し合うために、専門家の皆さんに集まっていただきました。

☐ **plentiful resources** [pléntifəl ríːsɔːrsiz(rizó:siz)]
豊富な資源
🖊 plentifulは「豊富な、有り余るほど」という意味の形容詞。
☐ plenty of resources　たくさんの資源

☐ **water shortage** [wɔ́ːtər ʃɔ́ːrtidʒ]
水不足
🖊 shortageは「不足」という意味の名詞。
☐ short　形 不足している

☐ **discuss the future outlook** [diskʌ́s ðə fjúːtʃər áutlùk]
将来の展望を話し合う
🖊 outlookは「展望、見通し」という意味の名詞。同義語にprospectがある。

Boost-Up

☐ **technical assistance** [téknikəl əsístəns]
技術支援
🖊 assistanceは「支援、援助」という意味の名詞。フレーズはtechnical supportと言い換えることもできる。
☐ assist　他 ～を助ける　　☐ assistant　名 助手、アシスタント

☐ **alleviate air pollution** [əlíːvièit er pəlúːʃən]
大気汚染を緩和する
🖊 alleviateは「～を緩和する、軽減する」という意味の他動詞。
☐ alleviation　名 緩和

Score-Up Booster

This state's plentiful resources have made us rich.のmade us richの構造はよく使われ、「make＋人＋形容詞」で「(人)を(形容詞)の状態にする」を意味する。make me happy (私を幸せにする)やmake you confident (自信を持たせる)とともに覚えておきたい。

メモ

We were not able to ①prevent a malfunction in the factory's cooling system. Fortunately, things ②are back to normal now. In the future, regular inspections should be conducted to ③maintain a stable system.

工場の冷却装置の①故障を防ぐことができませんでした。幸いなことに、今では②通常に戻っています。今後は③安定したシステムを維持するために、定期点検を行うべきです。

☐ **prevent a malfunction** [privént ə mælfʌ́ŋkʃən]
故障を防ぐ
🖉 malfunctionは「故障、不調」という意味の名詞。同じ形で自動詞「故障する」の意味もある。

☐ **be back to normal** [bí: bæ̀k tə nɔ́:rməl]
通常に戻る
🖉 back to ~ で「~(の状態)に戻る」の意味。

☐ **maintain a stable system** [meintéin ə stéibl sístəm]
安定したシステムを維持する
🖉 maintainは「~を維持する」という意味の他動詞。keepの同義語。

Boost-Up

☐ **facilitate the process** [fəsílətèit ðə práses(próuses)]
プロセスを円滑にする
🖉 facilitateは「~を円滑にする、促進する」という意味の他動詞。
☐ facilitation 图円滑化

☐ **improve quality control** [imprú:v kwáləti kəntróul]
品質管理を向上させる
🖉 qualityは「品質、質」という意味の名詞。「量」はquantity。

Score-Up Booster

過去の問題が解決され、現在へ至り、さらに未来へと話が展開している。このように時系列で進む内容は多い。「すでに行われたのか」、「これから行われるのか」など、選択肢選びにもかかわるため正確に理解したい。

会話

W: A ①confident demeanor is really important in a salesperson.

M: What can we do to ②develop more confidence in our staff, then?

W: We could have them ③attend a workshop.

女性：販売員にとって①自信に満ちた立ち振る舞いは本当に重要です。

男性：では、うちのスタッフが②もっと自信をつけるために、私たちは何ができるでしょうか？

女性：③ワークショップに出席してもらうのはどうでしょうか。

☐ **confident demeanor** [kánfədənt dimí:nər]
自信に満ちた立ち振る舞い
　✐ demeanorは「立ち振る舞い、態度」という意味の名詞。attitudeやbehaviorの同義語。

☐ **develop more confidence** [divéləp mɔr kánfədəns]
もっと自信をつける
　✐ confidenceは「自信、信頼」という意味の名詞。

☐ **attend a workshop** [əténd ə wə́:rkʃàp]
ワークショップに出席する
　✐ attendは「～に出席する」という意味の他動詞。
　☐ attendance 名出席　　☐ attendee 名出席者

Boost-Up

☐ **enthusiastic people** [inθù:ziǽstik pí:pl]
熱意のある人々
　✐ enthusiasticは「熱意のある」という意味の形容詞。passionateの同義語。
　☐ enthusiastically 副熱心に

☐ **show enthusiasm** [ʃóu inθú:ziæzm]
熱意を見せる
　✐ enthusiasmは「熱意、熱狂」という意味の名詞。
　☐ enthusiast 名熱中している人、愛好家

Score-Up Booster

ワークショップやセミナーへの参加に関する話題は多く出題される。テーマは何か、対象は誰か、参加するための条件や申し込み方法、注意事項などが主に問われる。

議事録

In the meeting, Ms. Brown ①proposed a new plan. It ②got a positive reaction from almost everyone. However, her ③immediate supervisor pointed out some problems.

会議でブラウンさんが①新しい計画を提案しました。ほぼ全員から②肯定的な反応を得ることができました。ところが、彼女の③直属の上司が、いくつか問題点を指摘しました。

□ **propose a new plan** [prəpóuz ə njú: plǽn]
新しい計画を提案する

  ✐ proposeは「〜を提案する」という意味の他動詞。
  □ proposal 名提案

□ **get a positive reaction** [gét ə pázətiv riǽkʃən]
肯定的な反応を得る

  ✐ reactionは「反応」という意味の名詞。
  □ react 自反応する

□ **immediate supervisor** [imí:diət sú:pərvàizər]
直属の上司

  ✐ supervisorは「上司、監督者」という意味の名詞。
  □ supervise 他〜を監督する

Boost-Up

□ **chair the committee** [tʃέər ðə kəmíti]
委員長を務める

  ✐ 名詞でイスを意味するchairは他動詞で使うと「〜の議長を務める」という意味。
  □ chair a meeting 会議の議長を務める

□ **file an expense report** [fáil ən ikspéns ripó:rt]
経費報告書を提出する

  ✐ fileは「〜を提出する、整理する」という意味の他動詞。フレーズはsubmit an expense reportと言い換え可能。

Score-Up Booster

almost everyone（ほぼ全員）やalmost 20 years（ほぼ20年）のように、副詞almostはその後ろに続く数字等には到達していない。同様に、nearly 20 yearsは「20年近く」を意味し、これも20年には到達していない。

01 ☐	故障を防ぐ **prevent a m----------**	malfunction
02 ☐	プロセスを合理化する **s--------- the process**	streamline
03 ☐	水不足 **water s-------**	shortage
04 ☐	明るい未来を想像する **i------ a bright future**	imagine
05 ☐	新しい計画を提案する **p------ a new plan**	propose
06 ☐	システムを統合する **u---- the system**	unify
07 ☐	織物製品 **t------ product**	textile
08 ☐	方向性を決める **d-------- a direction**	determine
09 ☐	しばらくの間 **f-- - w----**	for a while
10 ☐	プロセスを円滑にする **f--------- the process**	facilitate
11 ☐	自発的な活動 **v-------- activity**	voluntary
12 ☐	ボーナスを受け取る資格がある **b- e------- t- a bonus**	be entitled to
13 ☐	より高い基準を設定する **set a higher s-------**	standard
14 ☐	もっと自信をつける **develop more c---------**	confidence
15 ☐	通常に戻る **be b--- t- normal**	back to
16 ☐	料理の専門家 **c------- expert**	culinary

17 ☐	悲観的な意見 p---------- **opinion**	pessimistic
18 ☐	実践的なコツ **hands-on** t---	tips
19 ☐	直属の上司 **immediate** s---------	supervisor
20 ☐	熱意を見せる **show** e---------	enthusiasm
21 ☐	軽量素材 **lightweight** m-------	material
22 ☐	ワークショップに出席する a----- **a workshop**	attend
23 ☐	経験に応じる **be** c----------- **with experience**	commensurate
24 ☐	献身的なスタッフ d-------- **staff**	dedicated
25 ☐	重要性を認識する b- a---- o- **the importance**	be aware of
26 ☐	経費報告書を提出する f--- **an expense report**	file
27 ☐	委員長を務める c---- **the committee**	chair
28 ☐	豊富な資源 p-------- **resources**	plentiful
29 ☐	品質管理を向上させる **improve** q------ **control**	quality
30 ☐	バザーからの収益 p------- **from the bazaar**	proceeds
31 ☐	毎週ボランティアをする v-------- **every week**	volunteer
32 ☐	大気汚染を緩和する a-------- **air pollution**	alleviate
33 ☐	耐久性のある生地 d------ **fabric**	durable

34 ☐	地元で育てられた食材 **locally grown i----------**	ingredients
35 ☐	実用的なアドバイス **p-------- advice**	practical
36 ☐	肯定的な反応を得る **get a positive r-------**	reaction
37 ☐	製造を停止する **h--- production**	halt
38 ☐	技術支援 **technical a---------**	assistance
39 ☐	将来の展望を話し合う **discuss the future o------**	outlook
40 ☐	良い影響をもたらす **b---- a---- a positive impact**	bring about
41 ☐	安定したシステムを維持する **m------- a stable system**	maintain
42 ☐	かなりの時間 **c----------- amount of time**	considerable
43 ☐	悪影響を受けている **be negatively a-------**	affected
44 ☐	上級コース **a------- course**	advanced
45 ☐	自信に満ちた立ち振る舞い **confident d-------**	demeanor
46 ☐	楽観的な見方 **o--------- view**	optimistic
47 ☐	開会の言葉 **opening r------**	remarks
48 ☐	熱意のある人々 **e----------- people**	enthusiastic
49 ☐	やってみる価値がある **be w---- a try**	worth
50 ☐	有能なマネージャー **c-------- manager**	competent

TOEIC® L&Rテスト
ボキャブラリーブースター

Unit 10

> This is a very ①sturdy house built more than 100 years ago. It is a fine example of ②historical architecture. The owners claim that it was designed by a ③famous architect.
>
> 案内
>
> これは100年より前に建てられた、とても①頑丈な家です。②歴史的建築物の優れた例です。所有者は、③有名な建築家が設計したと主張しています。

□ **sturdy house** [stə́ːrdi háus]
頑丈な家
🖊 sturdyは「頑丈な、丈夫な」という意味の形容詞。strongの同義語。
□ sturdy material　頑丈な素材

□ **historical architecture** [histɔ́ːrikəl(histɔ́rikəl) áːrkətèktʃər]
歴史的建築物
🖊 historicalは「歴史的な」という意味の形容詞。歴史的建造物はlandmark (名所) として紹介されることもある。
□ history　图歴史　　□ historian　图歴史家、歴史学者

□ **famous architect** [féiməs áːrkətèkt]
有名な建築家
🖊 architectは「建築家、建築士」という意味の名詞。
□ architectural　形建築の　　□ architecture　图建築

Boost-Up

□ **architectural firm** [àːrkətéktʃərəl fə́ːrm]
建築事務所
🖊 firmは「事務所、会社」という意味の名詞。firmを用いる業態には、accounting firm (会計事務所)、law firm (法律事務所)、consulting firm (コンサルティングファーム) などがある。

□ **apprentice carpenter** [əpréntis káːrpəntər]
見習いの大工
🖊 apprenticeは「見習い」という意味の名詞。

Score-Up Booster

This is a very sturdy house built more than 100 years ago. は、houseに関する説明が過去分詞を用いてbuilt more than 100 years agoと続いている。関係代名詞を使ってhouse which[that] was built more than 100 years agoと表すこともできる。

会話

W: We are being forced to ①compete with foreign companies more and more.

M: A lot of our competitors have started to work ②in collaboration with foreign companies.

W: Perhaps we should make it part of our ③business expansion strategy.

女性：我が社は益々①外国の会社と競争することを余儀なくされています。
男性：競合他社の多くが、②海外の会社と連携して仕事をするようになってきています。
女性：もしかすると、我々の③事業拡大戦略に取り入れた方がいいかもしれませんね。

☐ **compete with foreign companies** [kəmpíːt wíð fɔ́ːrən kʌ́mpəniz]
外国の会社と競争する
🖉 compete with ~ で「~と競争する」の意味。
☐ competition 【名】競争　　☐ competitive 【形】競争力のある、（価格が）手頃な

☐ **in collaboration with foreign companies**
[ín kəlæbəréiʃən wíð fɔ́ːrən kʌ́mpəniz]
海外の会社と連携して
🖉 collaborationは「連携、協力」という意味の名詞。

☐ **business expansion strategy** [bíznis ikspǽnʃən strǽtədʒi]
事業拡大戦略
🖉 expansionは「拡大、拡張」という意味の名詞。

Boost-Up

☐ **finalize a contract** [fáinəlàiz ə kántrækt]
契約をまとめる
🖉 finalizeは「~をまとめる、仕上げる」という意味の他動詞。finalの状態にすること。

☐ **cooperate with other companies** [kouɑpərèit wíð ʌ́ðər kʌ́mpəniz]
他社と協力する
🖉 cooperate with ~ で「~と協力する」の意味。
☐ cooperation 【名】協力

Score-Up Booster

英文中のmore and moreは「益々多く」を意味し、程度が強まっていくことを示している。逆がless and less（徐々に減少して）である。

194-195

Eメール

①As of October 1, we have been providing access to our online movie streaming service at no extra cost. This is a limited② offer. It is ③exclusively for members with subscriptions to our premium package.

①10月1日付で、当社オンライン映画ストリーミングサービスへのアクセスを、追加料金無しでご提供しています。こちらは②限定オファーになります。当社プレミアムパッケージを定期購読していただいている③会員の皆様限定です。

☐ **as of October 1** [əz əv aktóubər fə́:rst]
10月1日付で
🖊 as of ~ で「~の時点で、~現在で」の意味。
☐ as of today 今日付で

☐ **limited offer** [límitid ɔ́:fər]
限定オファー
🖊 limitedは「限られた」という意味の形容詞。for a limited period of time（限られた期間）という関連表現も頻出。

☐ **exclusively for members** [iksklú:sivli fɔ́:r mémbərz]
会員限定で
🖊 exclusivelyは「限定で、独占的に」という意味の副詞。ここではonlyの同義語。

Boost-Up

☐ **effective today** [iféktiv tədéi]
今日付で
🖊 形容詞effectiveには「効果的な」のほか、「効力を発する」という意味がある。

☐ **upon your request** [əpán júər rikwést]
リクエストがあれば
🖊 upon ~ で「~があり次第」の意味。
☐ upon your arrival あなたが到着次第

Score-Up Booster

provide access to ~ は、情報やサービスのほか、場所への立ち入りを許可する場合にも使われる。provide access to restricted areasといえば、「部外者立入禁止エリアに入る権限を与える」となる。

発言

We have been opening new offices ①one at a time. We always begin by ②assessing the risks. We only proceed when it is found to be a ③feasible project.

我が社は①1度に1つずつ新しいオフィスを開設してきました。私たちは常に②リスクを評価することから始めます。③実現可能なプロジェクトであることがわかって、はじめて進むのです。

☐ **one at a time** [wʌ́n ət ə táim]
1度に1つずつ

☐ **assess the risks** [əsés ðə risks]
リスクを評価する
🖊 assessは「〜を評価する」という意味の他動詞。evaluateの同義語。
☐ assessment [名]評価

☐ **feasible project** [fíːzəbl prάdʒekt]
実現可能なプロジェクト
🖊 feasibleは「実現可能な、実行できる」という意味の形容詞。possibleの同義語。
☐ feasibility [名]実現可能性

Boost-Up

☐ **establish a basis** [istǽbliʃ ə béisis]
基盤を築く
🖊 basisは「基盤、土台」という意味の名詞。on a ~ basis「〜ベースで、〜を原則として」の形でも頻出。
☐ on a monthly basis　毎月　　☐ on a first-come, first-served basis　先着順で

☐ **viable approach** [váiəbl əpróutʃ]
実行可能なアプローチ
🖊 viableは「実行可能な」という意味の形容詞。feasibleと同様にpossibleの同義語。
☐ viability [名]実現可能性

Score-Up Booster

We only proceed when it is found to be a feasible project.のように、onlyやexclusively（限定で）などの条件が述べられている時には注意したい。

The ①August issue of *Garden Green* has a ②feature article on indoor gardening. Unfortunately, it is already sold out. Only those who have a ③magazine subscription will receive a copy.

案内

『ガーデングリーン』誌①8月号が②特集記事で室内ガーデニングを取り上げています。残念なことに、すでに売り切れています。③雑誌の定期購読者だけが一冊受け取ることになります。

☐ **August issue** [ɔ́:gəst íʃu:]
8月号
🖊 issueは「〜号」という意味の名詞。ほかに「課題、問題」の意味もある。

☐ **feature article** [fí:tʃər ɑ́:rtikl]
特集記事
🖊 featureは「特集、特集記事」という意味の名詞。

☐ **magazine subscription** [mæ̀gəzí:n səbskrípʃən]
雑誌の定期購読
🖊 subscriptionは「定期購読」という意味の名詞。フレーズはsubscription to a magazineとも言える。
☐ subscribe 自定期購読する　☐ subscriber 名定期購読者

Boost-Up

☐ **out of print** [áut əv prínt]
絶版になって
🖊 「出版されて」はin print。
☐ go out of print 絶版になる　☐ get into print 出版される

☐ **thorough examination** [θə́:rou(θʌ́rə) igzæ̀mənéiʃən]
徹底的なチェック
🖊 examinationは「チェック、調査」という意味の名詞。
☐ examine 他〜を調査する、診察する

Score-Up Booster

Only those who have a magazine subscription will receive a copy.のthoseはpeopleのこと。those who 〜 で「〜する人々は」という意味になり、thoseとwhoのいずれもPart 5で問われることがある。

> You can ①use a voucher to pay for gym memberships. However,
> ②gift certificates can only be used to purchase equipment from
> the store. I hope this ③clears up any misunderstandings.

Eメール

ジムの会費を払うのに、①割引券を使うことができます。ですが、②商品券は店から用具を購入する時のみ使用できます。これで全ての③誤解を解くことができましたでしょうか。

☐ **use a voucher** [júːz ə váutʃər]
割引券を使う
🖋 voucher「割引券、クーポン券」という意味の名詞。couponやgift certificateで言い換え可能。

☐ **gift certificate** [gíft sərtífikət]
商品券
🖋 certificateは「証明書」という意味の名詞。
☐ certify 他〜を証明する、保証する ☐ certified 形保証された

☐ **clear up a misunderstanding** [klíər ʌp ə mìsʌndərstǽndiŋ]
誤解を解く
🖋 clear up 〜 またはclean 〜 upで「〜を解く、解決する」の意味。

Boost-Up

☐ **privilege of membership** [prívəlidʒ əv mémbərʃip]
会員特典
🖋 privilegeは「特典、特権」という意味の名詞。GoldやSilverなど、サービスランクによって異なる会員特典に関する内容は頻出。

☐ **win a lottery** [wín ə lάtəri]
くじに当たる
🖋 lotteryは「くじ引き、宝くじ」という意味の名詞。Part 7では、ある物を購入するとくじに参加できる特典がつく話がよく出題される。

Score-Up Booster

You can use a voucher ...とgift certificates can only be used ...は、動詞useがそれぞれ能動態と受動態の形で使われている。主語がuseする側 (You) の場合は能動態、主語がuseされる側 (gift certificates) の場合は受動態となる。

会話

W: I saw a ①draft of Mr. Kim's speech.
M: Is that the one he will be giving at his ②inaugural address?
W: Yes. He is going to explain his ③revival plan for the company.

女性：キムさんの①スピーチの原稿を見ました。
男性：②就任演説で話す予定のやつですか？
女性：そうです。キムさんは会社の③再生計画について説明する予定です。

□ **draft of a speech** [drǽft əv ə spíːtʃ]
スピーチの原稿
🖊 draftは「原稿、草稿」という意味の名詞。動詞で使うと「〜の原稿を書く」の意味。
□ draft a speech　スピーチの原稿を書く

□ **inaugural address** [inɔ́ːgjurəl ədrés]
就任演説
🖊 inauguralは「就任の、最初の」という意味の形容詞。beginningの同義語。
□ inaugural issue　創刊号

□ **revival plan** [riváivəl plǽn]
再生計画
🖊 revivalは「再生、復活」という意味の名詞。

Boost-Up

□ **express my appreciation** [iksprés mái əprìːʃiéiʃən]
感謝を伝える
🖊 expressは「〜を伝える、表現する」という意味の他動詞。
□ expression　名表現

□ **for the past two decades** [fɔ́ːr ðə pǽst túː dékèidz(dikéidz)]
過去20年間
🖊 decadeは「10年間」という意味の名詞。deca-、deci-には「10」という意味があり、deciliter（デシリットル）は10デシリットルで1リットルになる。

Score-Up Booster

Is that the one he will be giving at his inaugural address?のthe oneとは、直前の女性の発言にあるspeechを指している。

発言

Mr. Rosen quit his job and ①entered graduate school. He ②got a master's degree in engineering. After ③careful consideration, he accepted a position at his previous employer.

ローゼンさんは仕事を辞めて、①大学院に入学しました。工学で②修士号を得ました。③熟慮の結果、以前の雇用先での就職を決めました。

□ **enter graduate school** [éntər grǽdʒuət skúːl]
大学院に入学する

🖉 graduateは「大学院生、卒業生」という意味の名詞。
□ undergraduate 图学部生

□ **get a master's degree** [gét ə mǽstərz digríː]
修士号を得る

🖉 master's degreeで「修士号」の意味。「学士号」はbachelor's degree。

□ **careful consideration** [kéərfəl kənsìdəréiʃən]
注意深い検討、熟慮

🖉 considerationは「熟慮、考察」という意味の名詞。
□ consider 他～を検討する、考慮する

Boost-Up

□ **verify the qualifications** [vérəfài ðə kwɑləfikéiʃənz]
資格を検証する

🖉 verifyは「～を検証する、確認する」という意味の他動詞。
□ verification 图検証、実証

□ **explain briefly** [ikspléin bríːfli]
簡単に説明する

🖉 explainは「～を説明する」という意味の他動詞。
□ explanation 图説明

Score-Up Booster

Part 7の記事などで人物の紹介がされている場合、設問のWhat is the purpose of the article?（記事の目的は何ですか）に対応する選択肢が、To profile a businessperson（ビジネスパーソンを紹介する）になることがある。

M: How is the ①relocation plan coming along?
W: I've found a vacant ②commercial property on Durant Road.
M: Is that the one ③directly opposite the florist?

会話

男性：①移転計画はどんな具合ですか？
女性：②デュラントロードで、空いている②商用の不動産を見つけました。
男性：③花屋の真向かいにあるやつのことですか？

☐ **relocation plan** [rìːloukéiʃən plǽn]
移転計画
🖊 relocationは「移転、転勤」という意味の名詞。
　☐ relocate 他~を移転する、~を転勤させる

☐ **commercial property** [kəmə́ːrʃəl prɑ́pərti(prɔ́pəti)]
商用の不動産
🖊 commercialは「商用の、通商の」という意味の形容詞。私有地はprivate property。

☐ **directly opposite the florist** [diréktli(dairéktli) ɑ́pəzit ðə flɔ́ːrist]
花屋の真向かいに
🖊 oppositeは「反対側の」という意味の形容詞。on the opposite side of the street
　といえば、「通りの反対側に」のこと。
　☐ oppose 他~に反対する　　☐ opposition 名反対

Boost-Up

☐ **conduct an audit** [kɑndʌkt ən ɔ́ːdit]
監査を実施する
🖊 auditは「監査」という意味の名詞。同じ形で「~を監査する」という他動詞の意味もある。
　☐ auditor 名監査役　　☐ audition 名審査、オーディション

☐ **modern decor** [mɑdərn(mɔ́dən) deikɔr]
現代的な内装
🖊 decorは「内装、装飾」という意味の名詞。
　☐ decoration 名装飾　　☐ decorate 他~を装飾する

Score-Up Booster

How is ~ coming along?は「~はどのような具合ですか」と進捗状況を確認する質問で、
Part 2にも登場する。ほかにHow's ~ going?（~の進み具合はどうですか）やWhat's the
status of ~?（~の状況はいかがですか）などもある。

広告

Maxwell Furniture offers ①a wide selection of products. We ②carry many major brands. This week, you can get ③half off the regular prices.

マックスウェル・ファーニチャーは、①幅広い種類の製品をご提供します。多くの②主要なブランドを扱っています。今週は、全品③定価の半額でお買い求めいただけます。

☐ a wide selection of products [ə wáid silékʃən əv prá:dʌkts]
幅広い種類の製品

   🖊 selectionは「品ぞろえ、選択」という意味の名詞。

   ☐ a wide variety of ~ 幅広い種類の~　　☐ a wide array of ~ 幅広い種類の~

☐ carry major brands [kǽri méidʒər brǽndz]
主要なブランドを扱う

   🖊 carryは「~を扱う」という意味の他動詞。店で商品の取り扱いがあることを表す。

☐ half off the regular prices [hǽf ɔ́:f ðə régjulər práisiz]
定価の半額で

   🖊 half offで「半額で」の意味。50 percent off the regular prices（定価の50パーセント割引で）と言い換え可能。

Boost-Up

☐ put a price tag on [pút ə práis tǽg an]
値札をつける

   🖊 tagは「札」という意味の名詞。

☐ for a limited period of time [fɔ:r ə límitid píəriəd əv táim]
限られた期間

   🖊 periodは「期間、時期」という意味の名詞。

   ☐ over a period of time ある期間にわたって

Score-Up Booster

割引に関する表現はTOEICに多く登場する。ほかにup to 50 percent off the regular price（定価の最大50%オフ）や、offer a discount of 50 percent off our usual price（通常価格の50%オフ割引を提供する）などもある。

Quick Check Booster 091-100

210

01 ☐	8月号 **August i----**	issue
02 ☐	特集記事 **f------ article**	feature
03 ☐	大学院に入学する **enter g------- school**	graduate
04 ☐	事業拡大戦略 **business e-------- strategy**	expansion
05 ☐	注意深い検討、熟慮 **careful c------------**	consideration
06 ☐	会員限定で **e---------- for members**	exclusively
07 ☐	実行可能なアプローチ **v----- approach**	viable
08 ☐	1度に1つずつ **o-- a- - t---**	one at a time
09 ☐	現代的な内装 **modern d----**	decor
10 ☐	雑誌の定期購読 **magazine s-----------**	subscription
11 ☐	今日付で **e-------- today**	effective
12 ☐	割引券を使う **use a v------**	voucher
13 ☐	主要なブランドを扱う **c---- major brands**	carry
14 ☐	リスクを評価する **a----- the risks**	assess
15 ☐	10月1日付で **a- o- October 1**	as of
16 ☐	限られた期間 **for a limited p----- of time**	period

148

17 ☐	誤解を解く c---- u- a misunderstanding	clear up
18 ☐	歴史的建築物 h--------- architecture	historical
19 ☐	商用の不動産 c--------- property	commercial
20 ☐	実現可能なプロジェクト f------- project	feasible
21 ☐	幅広い種類の製品 a wide s-------- of products	selection
22 ☐	限定オファー l------ offer	limited
23 ☐	移転計画 r--------- plan	relocation
24 ☐	リクエストがあれば u--- your request	upon
25 ☐	有名な建築家 famous a--------	architect
26 ☐	外国の会社と競争する c------ w--- foreign companies	compete with
27 ☐	建築事務所 architectural f---	firm
28 ☐	海外の会社と連携して in c------------ with foreign companies	collaboration
29 ☐	基盤を築く establish a b----	basis
30 ☐	監査を実施する conduct an a----	audit
31 ☐	絶版になって o-- o- p----	out of print
32 ☐	商品券 gift c-----------	certificate
33 ☐	定価の半額で h--- o-- the regular prices	half off

34 ☐	花屋の真向かいに **directly** o------- **the florist**	opposite
35 ☐	会員特典 p-------- **of membership**	privilege
36 ☐	見習いの大工 a--------- **carpenter**	apprentice
37 ☐	資格を検証する v----- **the qualifications**	verify
38 ☐	過去20年間 **for the past two** d------	decades
39 ☐	スピーチの原稿 d---- **of a speech**	draft
40 ☐	値札をつける **put a price** t-- **on**	tag
41 ☐	就任演説 i-------- **address**	inaugural
42 ☐	くじに当たる **win a** l------	lottery
43 ☐	修士号を得る **get a** m------- d-----	master's degree
44 ☐	徹底的なチェック **thorough** e----------	examination
45 ☐	頑丈な家 s----- **house**	sturdy
46 ☐	契約をまとめる f------- **a contract**	finalize
47 ☐	再生計画 r------ **plan**	revival
48 ☐	感謝を伝える **express my** a-----------	appreciation
49 ☐	簡単に説明する e------- **briefly**	explain
50 ☐	他社と協力する c-------- w--- **other companies**	cooperate with

TOEIC® L&Rテスト
ボキャブラリーブースター

Unit 11

放送

The ①circulation desk is on the library's first floor. You can ②borrow up to ten books there. ③Library patrons are also welcome to use the reading lounge on the second floor.

①貸出・返却デスクは、図書館の1階にあります。そこで②最大10冊まで借りることができます。③図書館の利用者は、2階の読書室もご利用いただけます。

☐ **circulation desk** [sə̀ːrkjuléiʃən désk]
貸出・返却デスク
🔥 circulationは「循環、流通」という意味の名詞。
　☐ circulate 他〜を配布する、循環させる　自循環する

☐ **borrow up to 10 books** [bárou ʌ́p tə tén buks]
最大10冊まで借りる
🔥 borrowは「〜を借りる」という意味の他動詞。なお、rentは「（代金が発生して）〜を貸す、借りる」を意味する。

☐ **library patron** [láibrèri péitrən]
図書館の利用者
🔥 patronは「顧客、後援者」という意味の名詞。
　☐ patronage 名ひいき、愛顧
　☐ Thank you for your patronage.　ご利用ありがとうございます。

Boost-Up

☐ **well-known novelist** [wél nóun návəlist]
有名な小説家
🔥 novelistは「小説家」という意味の名詞。author（著者）と言い換えることもできる。

☐ **reach for a book** [ríːtʃ fər ə búk]
本を取ろうと手を伸ばす
　☐ reach into a bag　バッグの中に手を入れる

Score-Up Booster

Part 3、4の3問セットは、1問目が目的や概要、2問目と3問目が詳細な情報が問われることが多い。冒頭から図書館であることを把握したうえで、述べられている場所や数字を聞き取ることで、全てに対応しやすくなる。

ウェブ
サイト

Before you ①install the software, you should ensure that you have the ②latest version. You can ③configure the software as soon as it has been installed.

①ソフトウェアをインストールする前に、②最新版を持っていることを確認してください。インストールすれば、すぐに③ソフトウェアを設定することができます。

□ **install the software** [instɔ́:l ðə sɔ́:ftwer]
ソフトウェアをインストールする
  🖉 installはソフトウェアのほか、エアコンなどの機器に対しても「～を設置する」という意味で使われる。
  □ installation 图インストール、設置

□ **latest version** [léitist vớ:rʒən]
最新版
  🖉 latestは「最新の、最近の」という意味の形容詞。

□ **configure the software** [kənfígjər ðə sɔ́:ftwer]
ソフトウェアを設定する
  🖉 configureは「～を設定する、構成する」という意味の他動詞。
  □ configuration 图設定、構成

Boost-Up

□ **upgrade an application** [ʌpgréid ən æpləkéiʃən]
アプリケーションを更新する
  🖉 application（アプリケーション）の省略形はapp（発音はæp）という。
  □ upgrade an app　アプリケーションを更新する

□ **compile a report** [kəmpáil ə ripɔ́:rt]
報告書をまとめる
  🖉 compileは「～をまとめる、集める」という意味の他動詞。
  □ compilation 图編集したもの、まとめたもの

Score-Up Booster

beforeやafterが使われている場合は、前後関係を正確に把握することが求められる。as soon as ~（～したらすぐに）もafter（～の後）と同じ意味で把握しておくとよい。

> W: Ms. Dawson had some ①keen insights into the challenges we are now facing.
>
> M: Yes, they were ②obviously different from our assessments.
>
> W: I really admire her ③analytical skills.

会話

女性：私たちが今直面している困難に関して、ドーソンさんはいくつか①鋭い洞察をしていましたね。

男性：そう、私たちが想定していたものとは、②明らかに異なっていました。

女性：彼女の③分析スキルには本当に感心させられます。

☐ **keen insight** [kíːn ínsàit]
鋭い洞察
🖉 insightは「洞察、見識」という意味の名詞。
☐ insightful 形洞察力のある

☐ **obviously different** [ábviəsli dífərənt]
明らかに異なる
🖉 obviouslyは「明らかに」という意味の副詞。「わずかに異なる」はsubtly different。

☐ **analytical skills** [ӕnəlítikəl skilz]
分析スキル
🖉 analyticalは「分析の、分析的な」という意味の形容詞。
☐ analysis 名分析 ☐ analyze 他〜を分析する

Boost-Up

☐ **profound thoughts** [prəfáund θɑ:ts]
深い思考
🖉 profoundは「深い、重大な」という意味の形容詞。deepの同義語。

☐ **rigorous check** [rígərəs tʃék]
厳密な検査
🖉 rigorousは「厳密な、厳格な」という意味の形容詞で、正確性を徹底する厳しさなどに用いる。strictの同義語。
☐ rigorous inspection 厳密な検査

Score-Up Booster

1文目のthe challenges we are now facingでは、「どのようなthe challengesかというとwe are now facing」と説明が続いている。このような構文は多い。

会話

M: Will Hydropure ①get rid of this stain?

W: Of course! Be sure to ②dilute it with water first.

M: OK. How do I ③put the detergent in the washing machine?

男性：ハイドロピュアで①この染みを取り除くことはできますか？

女性：もちろんです！　必ず最初に②水で薄めてくださいね。

男性：わかりました。③洗濯機に洗剤を入れるには、どうすればいいですか？

□ **get rid of a stain** [gét ríd əv ə stéin]

染みを取り除く

🖉 get rid of ~ で「～を取り除く」の意味。removeの同義語。

□ **dilute it with water** [dilú:t(dailú:t) ít wíð wɔ́:tər]

水で薄める

🖉 diluteは「～を薄める」という意味の他動詞。何かを加えて薄めることを意味する。カルピス原液を水で薄めるイメージ。

　□ dilution　图薄めること

□ **put the detergent in the washing machine**

[pút ðə dité:rdʒənt ín ðə wáʃiŋ məʃí:n]

洗濯機に洗剤を入れる

🖉 detergentは「洗剤」という意味の名詞。

Boost-Up

□ **use liquid detergent** [jú:z líkwid dité:rdʒənt]

液体洗剤を使う

🖉 liquidは「液体」という意味の名詞。「固体」はsolid、「気体」はgas。

□ **dry the laundry** [drái ðə lɔ́:ndri]

洗濯物を干す

🖉 dryは「～を乾かす」という意味の他動詞。laundryは「洗濯物、洗濯室」の意味がある。

Score-Up Booster

洗剤に関する広告などでは、「染み」「薄める」「洗濯機」「洗濯物」などの単語がまとめて登場するため覚えておこう。

会話

W: Our ①turnover rate has significantly decreased.

M: Yes, we've created a more ②rewarding career for employees.

W: They are now demonstrating creativity in some of the ③monotonous tasks.

女性：①離職率が大幅に下がりましたね。

男性：そうですね、社員にとってより②やりがいのある仕事を創出できるようになりました。

女性：③単調な作業の中にも創造性を発揮してくれるようになりました。

□ **turnover rate** [tə́:rnòuvər réit]
離職率

🖉 turnoverは「離職率」という意味の名詞。動詞句turn overで「離職する」や「反転する」の意味がある。

□ **rewarding career** [riwɔ́:rdiŋ kəríər]
やりがいのある仕事

🖉 rewardingは「やりがいのある」という意味の形容詞。

　□ reward 他〜に報酬を与える、報いる　　□ reward 名報酬

□ **monotonous task** [mənátənəs tǽsk]
単調な作業

🖉 monotonousは「単調な」という意味の形容詞。接頭辞mon(o)-は「単一」のことで、モノトーン（monotone）やモノラル（monaural）、モノレール（monorail）などでも使われている。

Boost-Up

□ **create jobs** [kriéit dʒɑ́:bz]
雇用を創出する

🖉 工場オープンに関する話題では、雇用創出（job creation）に触れることも多い。

□ **work independently** [wə́:rk ìndipéndəntli]
独立して働く

🖉 independentlyは「独立して、独力で」という意味の副詞。

　□ work in a team　チームで働く　　□ team player　チームで（効率的に）働ける人

Score-Up Booster

冒頭で問題や課題が提示された場合は、原因や解決策へと話が展開していく。問題の内容や原因、解決策は設問で問われやすいため、しっかりと聞き取りたい。

会話

W: This article says that it is ①<u>theoretically possible</u> for us to use a cheaper coolant in this machine.

M: We don't have ②<u>adequate information</u> to try that yet.

W: I don't think there would be any ③<u>adverse effects</u>.

女性：この記事によると、この機械にもっと安価な冷却剤を使用することは、①理論的に可能であるようです。

男性：それを試してみるのに、まだ②十分な情報を得られていません。

女性：③悪影響はないと思いますよ。

□ **theoretically possible** [θìərétikəli pásəbl]
理論的に可能である
🖉 theoreticallyは「理論的に、理論上は」という意味の副詞。
□ theory 〔名〕理論　　□ theoretical 〔形〕理論的な、理論に基づいた

□ **adequate information** [ǽdikwət ìnfərméiʃən]
十分な情報
🖉 adequateは「十分な」という意味の形容詞。enoughやsufficientの同義語。

□ **adverse effect** [ædvə́:rs ifékt]
悪影響
🖉 adverseには「反対の、マイナスの」という意味の形容詞。
□ adversity 〔名〕逆境

Boost-Up

□ **collect factual data** [kəlékt fǽktʃuəl déitə]
事実に基づくデータを集める
🖉 factualは「事実の、事実に基づく」という意味の形容詞。
□ fact 〔名〕事実

□ **sufficient proof** [səfíʃənt prú:f]
十分な証拠
🖉 proofは「証拠」という意味の名詞。
□ prove 〔他〕～を証明する

Score-Up Booster

possibleを用いた表現として、the best possible solution（可能な限り最良の解決策）や the easiest possible way（可能な限り最も簡単な方法）などがある。

> ①Rice farmers in Australia have been experimenting with a new ②farming technique. It required them to make ③drastic changes to the way they work.
>
> 記事
>
> オーストラリアの①米農家は、新たな②農業技術を試しています。そのためには、働き方の③劇的な変化が必要でした。

□ **rice farmer** [ráis fáːrmər]
米農家
　⌖ farmerは「農家、農場経営者」という意味の名詞。farmは「農場」。

□ **farming technique** [fáːrmiŋ tekníːk]
農業技術
　⌖ techniqueは「技術、技法」という意味の名詞。

□ **drastic change** [dræstik tʃéindʒ]
劇的な変化
　⌖ drasticは「劇的な、抜本的な」という意味の形容詞。程度が大きいことを表す際に使われる。
　□ significant change　著しい変化

Boost-Up

□ **thrive seasonally** [θráiv síːznəli]
季節的に育つ
　⌖ thriveは「(人や植物などが) 育つ」という意味の自動詞で、ほかにも「(経済的に) 繁栄する」、「(努力して) 達成する」などの意味がある。
　□ thrive in business　事業が繁栄する

□ **organic ingredients** [ɔːrgǽnik ingríːdiənts]
オーガニックな材料
　⌖ organicは「有機栽培の、有機的な」という意味の形容詞。

Score-Up Booster

It required them to make drastic changes to the way they work.のrequire (〜に要求する) は受動態で使われることも多く、They(=Rice farmers) are required to make drastic changes ...という形も頻出する。

225-226

報告書

A study was conducted to assess the ①environmental impact of the factory. It showed that a ②chemical substance was being released into the river. The company must remove all such ③hazardous materials as soon as possible.

工場の、①環境への影響を評価するための調査が行われました。その結果、②化学物質が川に放出されていることがわかりました。会社は可及的速やかにそれらの③危険物をすべて除去する必要があります。

☐ **environmental impact** [invàiərənméntl ímpækt]
環境への影響
✐ environmentalは「環境の、環境に関わる」という意味の形容詞。

☐ **chemical substance** [kémikəl sʌ́bstəns]
化学物質
✐ chemicalは「化学の」という意味の形容詞。

☐ **hazardous material** [hǽzərdəs mətíəriəl]
危険物
✐ hazardousは「危険な」という意味の形容詞。dangerousの同義語。
☐ hazard [名]危険

Boost-Up

☐ **scientifically proven** [sàiəntífikəli prúːvn]
科学的に証明された
✐ provenはprove（～を証明する）の過去分詞で、「証明された」という意味の形容詞としても使われる。
☐ prove [他]～を証明する　　☐ proof [名]証明

☐ **sustain the environment** [səstéin ði inváiərənmənt]
環境を維持する
✐ sustainは「～を維持する」という意味の他動詞。maintainやkeepの同義語。
☐ sustainability [名]持続可能性　　☐ sustainable [形]持続可能な

Score-Up Booster

調査結果を伝える際には、動詞showやindicate（～を示す）がよく使われる。たとえば、Statistics show that ...（統計によると…だとわかる）やA study indicates that ...（研究によると…だとわかる）のように文が始まることが多い。

🔊)) 227-228　M: 　W:

会話

M: It's such ①agreeable weather!

W: Why don't you ②take off your jacket?

M: OK. I'll ③put on a sweater, though.

男性：なんて心地よい天気だろう！

女性：ジャケットを脱いだらどう？

男性：そうだね。でもセーターを着ることにするよ。

☐ **agreeable weather** [əgríːəbl wéðər]
心地よい天気
　🖊 agreeableは「心地よい、愉快な」という意味の形容詞。pleasantの同義語。

☐ **take off a jacket** [téik ɔ́ːf ə dʒǽkit]
ジャケットを脱ぐ
　🖊 take off ~ で「~を脱ぐ」の意味。ほかに「（飛行機などが）離陸する」の意味もある。「接触している状態から離す・離れる」というイメージで覚えておきたい。

☐ **put on a sweater** [pút án ə swétər]
セーターを着る
　🖊 put on ~ で「~を着る」の意味。身につけていない状態から身につける動作のことをいう。wear（~を身につけている）との混同に注意。

Boost-Up

☐ **apparel store** [əpǽrəl stɔr]
衣料品店
　🖊 apparelは「衣料品、衣服」という意味の名詞。
　☐ clothing store　衣料品店

☐ **try on a hat** [trái án ə hǽt]
帽子を試着する
　🖊 try on ~ で「~を試着する」の意味。

Score-Up Booster

Part 1でput on ~とwearの区別ができるかどうかを見極める問題が頻出する。すでに身につけている場合は、The man is wearing a jacket.（男性はジャケットを身につけている）のようにwearが正解となる。

Unit 1　Unit 2　Unit 3　Unit 4　Unit 5　Unit 6　Unit 7　Unit 8　Unit 9　Unit 10

会話

> W: We need to ①boost our profitability.
> M: The first thing we can do is to ②cut back on spending.
> W: OK. Can you provide a ③breakdown of our expenses?
>
> 女性：①収益性を高める必要があります。
> 男性：まずは②支出を減らすことですね。
> 女性：わかりました。③支出の明細を出してもらえますか？

☐ **boost profitability** [búːst prɑ̀ːfitəbíləti]
収益性を高める
✐ profitabilityは「収益性、採算性」という意味の名詞。
☐ profit 名利益、収益　☐ profitable 形利益になる、もうかる

☐ **cut back on spending** [kʌ́t bǽk ɑ́n spéndiŋ]
支出を減らす
✐ cut back on ~ で「~を削減する、減らす」の意味。reduceの同義語。

☐ **breakdown of expenses** [bréikdàun əv ikspéntsiz]
支出の明細
✐ breakdownは「故障」の意味もあるが、ここでは、金額を項目ごとに細かく分類するイメージから「明細」となる。
☐ break down 故障する　☐ break down ~ ~を分類する

Boost-Up

☐ **double-check the figures** [dʌ́bl tʃék ðə fígjərz(fígərz)]
数字を再チェックする
✐ figureは「数字」という意味の名詞。ほかに「形」や「図表」、「人物」の意味もある。
☐ public figure 有名人

☐ **five consecutive years** [fáiv kənsékjutiv jirz]
5年連続
✐ consecutiveは「連続した」という意味の形容詞。
☐ five years in a row 5年連続　☐ fifth straight year 5年連続

Score-Up Booster

We need to boost our profitability.という必要性と、そのために取るべき行動をセットで理解したい。また、課題への対処にCan you provide a breakdown of our expenses?のような依頼や提案が出されることは多く、設問で問われやすい。

Quick Check Booster 101-110

231

01 ☐	明らかに異なる o--------- different	obviously
02 ☐	化学物質 c------- substance	chemical
03 ☐	有名な小説家 well-known n-------	novelist
04 ☐	ソフトウェアをインストールする i------ the software	install
05 ☐	ソフトウェアを設定する c-------- the software	configure
06 ☐	単調な作業 m---------- task	monotonous
07 ☐	帽子を試着する t-- o- a hat	try on
08 ☐	支出を減らす c-- b--- o- spending	cut back on
09 ☐	オーガニックな材料 o------ ingredients	organic
10 ☐	本を取ろうと手を伸ばす r---- for a book	reach
11 ☐	農業技術 farming t--------	technique
12 ☐	アプリケーションを更新する u------ an application	upgrade
13 ☐	分析スキル a--------- skills	analytical
14 ☐	洗濯物を干す d-- the laundry	dry
15 ☐	科学的に証明された scientifically p-----	proven
16 ☐	やりがいのある仕事 r-------- career	rewarding

17 ☐	最新版 l----- version	latest
18 ☐	悪影響 a------ effect	adverse
19 ☐	事実に基づくデータを集める collect f------ data	factual
20 ☐	危険物 h-------- material	hazardous
21 ☐	図書館の利用者 library p-----	patron
22 ☐	米農家 rice f-----	farmer
23 ☐	液体洗剤を使う use l----- detergent	liquid
24 ☐	染みを取り除く g-- r-- o- a stain	get rid of
25 ☐	十分な証拠 sufficient p----	proof
26 ☐	最大10冊まで借りる b----- up to 10 books	borrow
27 ☐	数字を再チェックする double-check the f------	figures
28 ☐	深い思考 p------- thoughts	profound
29 ☐	環境を維持する s------ the environment	sustain
30 ☐	ジャケットを脱ぐ t--- o-- a jacket	take off
31 ☐	離職率 t------- rate	turnover
32 ☐	厳密な検査 r------- check	rigorous
33 ☐	十分な情報 a------- information	adequate

34 ☐	5年連続 **five c---------- years**	**consecutive**
35 ☐	セーターを着る **p-- o- a sweater**	**put on**
36 ☐	理論的に可能である **t------------ possible**	**theoretically**
37 ☐	支出の明細 **b-------- of expenses**	**breakdown**
38 ☐	収益性を高める **boost p-------------**	**profitability**
39 ☐	季節的に育つ **t----- seasonally**	**thrive**
40 ☐	独立して働く **work i------------**	**independently**
41 ☐	洗濯機に洗剤を入れる **put the d-------- in the washing machine**	**detergent**
42 ☐	衣料品店 **a------ store**	**apparel**
43 ☐	鋭い洞察 **keen i------**	**insight**
44 ☐	報告書をまとめる **c------ a report**	**compile**
45 ☐	雇用を創出する **c----- jobs**	**create**
46 ☐	劇的な変化 **d------ change**	**drastic**
47 ☐	貸出・返却デスク **c----------- desk**	**circulation**
48 ☐	心地よい天気 **a-------- weather**	**agreeable**
49 ☐	環境への影響 **e------------- impact**	**environmental**
50 ☐	それを水で薄める **d----- it with water**	**dilute**

TOEIC® L&Rテスト
ボキャブラリーブースター

Unit 12

話

The instructions for conference speakers ①highlighted the importance of speaking plainly. Presenters should ②emphasize their main points. They should also ③avoid jargon that people may not understand.

会議の講演者に対する指示は、平易に話すことの①重要性を強調するものでした。プレゼンターは②要点を強調しなくてはいけません。さらに、聴衆が理解できないかもしれない③専門用語を避けるべきです。

☐ **highlight the importance** [háilàit ði impɔ́ːrtəns]
重要性を強調する
🖊 highlightは「～を強調する」という意味の他動詞。蛍光ペンを使って強調するための線を引くが、「蛍光ペン」をhighlighterと呼ぶ。

☐ **emphasize the main points** [émfəsàiz ðə méin pɔints]
要点を強調する
🖊 emphasizeは「～を強調する」という意味の他動詞。

☐ **avoid jargon** [əvɔ́id dʒɑ́ːrgən]
専門用語を避ける
🖊 jargonは「専門用語」を集合的に表す。technical termともいう。
☐ avoidance ［名］回避

Boost-Up

☐ **difference in interpretation** [dífərəns in intɜ̀ːrprətéiʃən]
解釈の違い
🖊 interpretationは「解釈、説明、通訳」という意味の名詞。
☐ interpret ［他］～を解釈する、通訳する   ☐ different ［形］異なる

☐ **in every respect** [ín évri rispékt]
あらゆる点で
🖊 respectは「点、事項」という意味の名詞。ほかに「尊敬」の意味があるが、このようにaspect（側面）の同義語としても使われる。

Score-Up Booster

アドバイスや指示がある内容については、What does the speaker suggest the listeners do?（話し手は、聞き手が何をすることを提案していますか）などが問われ、You should ...の部分がヒントになることも多い。

プレス
リリース

Noah Inc. uses only ①renewable sources of energy. We do this to ②conserve nature. It also helps us to ③preserve natural resources.

ノア社は①再生可能なエネルギー源のみ利用しています。それは②自然を保護するためです。さらには、③天然資源を保護することにもつながります。

☐ **renewable source of energy** [rinúəbl(rinjúəbl) sɔːrs əv énərdʒi]
再生可能なエネルギー源
　🖉 renewableは「再生可能な」という意味の形容詞。re- (再び)、new (新しい)、-able (できる) で覚える。
　☐ renew [他]～を更新する、再生する　　☐ renewal [名]更新、再生

☐ **conserve nature** [kənsə́ːrv néitʃər]
自然を保護する
　🖉 conserveは「～を保護する、保存する」という意味の他動詞。
　☐ conservation [名]保護、保存

☐ **preserve natural resources** [prizə́ːrv nǽtʃərəl ríːsɔːrsiz(rizɔ́ːsiz)]
天然資源を保護する
　🖉 preserveは「～を保護する、保存する」という意味の他動詞。
　☐ preservation [名]保護、保存

Boost-Up

☐ **save electricity** [séiv ilektrísəti]
電気を節約する
　🖉 electricityは「電気、電力」という意味の名詞。
　☐ electric [形]電気の　　☐ electrical [形]電気に関する

☐ **purify the air** [pjúərəfài ði éər]
空気を浄化する
　🖉 purifyは「～を浄化する」という意味の他動詞。pure (純粋な) と動詞の接尾辞-fy (～化する) で構成された単語。

Score-Up Booster

動詞helpは、It also helps us to preserve natural resources.のように、「help＋目的語＋to do」となる場合と、help us preserve natural resourcesのように「help＋目的語＋動詞の原形」と、toが省略される場合がある。toがつくほうが、ややフォーマルである。

Kramerica hires ①people from various backgrounds. Most ②new recruits speak multiple languages. The company is ③reaping the benefits of this diversity.

情報

クラメリカは①様々な経歴の人々を雇用しています。ほとんどの②新入社員が、複数の言語を話します。同社はこの多様性の③恩恵を得ています。

□ **people from various backgrounds** [pí:pl frʌm véəriəs bǽkgraundz]
様々な経歴の人々

🖉 backgroundは「経歴、学歴」という意味の名詞。professional background（職歴）やacademic background（学歴）という言い方もある。

□ **new recruit** [njú: rikrú:t]
新入社員

🖉 recruitは「新入社員」という意味の名詞。
□ recruit 〔他〕～を採用する

□ **reap the benefits** [rí:p ðə bénifits]
恩恵を得る

🖉 reapは「～を得る、収穫する」という意味の他動詞。harvestの同義語。

Boost-Up

□ **oversee a project** [òuvərsí: ə prɑ́dʒekt]
プロジェクトを監督する

🖉 overseeは「～を監督する、監視する」という意味の他動詞。superviseの同義語。

□ **communicate verbally** [kəmjú:nəkèit və́:rbəli]
口頭でコミュニケーションをとる

🖉 verballyは「口頭で、言語で」という意味の副詞。verbal communicationといえば、会話や文字を用いた、言語コミュニケーションのこと。
□ verbal 〔形〕口頭の、言葉による

Score-Up Booster

新しいスタッフの採用はTOEICに頻出する。新しいスタッフは、new recruits、newly hired employees（新たに採用された社員）、new personnel（新入社員）など複数の言い方がある。なお、TOEICに登場する「新入社員」はほぼ転職して入社する中途入社である。

広告

Sysplus Advertising helps businesses ①attract new customers. We create advertisements with ②appealing designs. We can easily put together a package to ③match your needs and budget.

> シスプラス広告は、企業が①新たに消費者を引き付けるお手伝いをします。当社は②魅力的なデザインの広告を制作します。③ニーズとご予算に合った提案を、簡単に組むことができます。

☐ **attract consumers** [ətrǽkt kənsúːmərz(kənsjúːməz)]
消費者を引き付ける
✐ consumerは「消費者」という意味の名詞。
☐ consume 他~を消費する　☐ consumption 名消費

☐ **appealing design** [əpíːliŋ dizáin]
魅力的なデザイン
✐ appealingは「魅力的な」という意味の形容詞。
☐ appeal to ~　~にアピールする、訴えかける

☐ **match your needs and budget** [mǽtʃ júər níːdz ənd bʌ́dʒit]
ニーズと予算に合わせる
✐ matchは「~に合わせる、~と調和する」という意味の他動詞。suitの同義語。

Boost-Up

☐ **catch up with the trend** [kǽtʃ ʌp wíð ðə trénd]
流行に追いつく
✐ catch up with ~ で「~に追いつく」の意味。

☐ **surge in sales** [sə́ːrdʒ ín séilz]
売上の急増
✐ surgeは「急増、高騰」という意味の名詞。自動詞も同じ形で「急増する、急上昇する」を意味し、同義語にskyrocket(急増する)がある。

Score-Up Booster

Part 4でもPart 7でも、宣伝や広告においては、サービスや商品の概要のほか、特徴や対象者などが問われることが多い。なお、Sysplus Advertising helps businesses attract new customers.の動詞helpは目的語の後ろにtoを取らずに「help＋目的語＋動詞の原形」と続いている。

Evalking Software conducts ①periodic evaluations of businesses' efficiency. It ②organizes the information logically and sends the results to management in a ③well-organized document.

エヴァルキング・ソフトウェアは、企業の効率性の①定期評価を行います。②情報を論理的にまとめ、③まとまっている文書として結果を経営陣に送付します。

ウェブサイト

□ **periodic evaluation** [pə̀:riádik ivǽljuéiʃən]
定期評価
🖊 periodicは「定期的な、周期的な」という意味の形容詞。
□ period 〔名〕期間　□ periodically 〔副〕定期的に

□ **organize the information logically**
[ɔ́:rɡənàiz ði ìnfərméiʃən lá:dʒikəli]
情報を論理的にまとめる
🖊 logicallyは「論理的に、筋道を立てて」という意味の副詞。

□ **well-organized document** [wél ɔ́:rɡənàizd dákjumənt]
まとまっている文書
🖊 well-organizedは「よくまとまっている」という意味の形容詞。well-の表現には、well-known（よく知られた）やwell-designed（うまく構成された）など様々ある。

Boost-Up

□ **disclosure of data** [disklóuʒər əv déitə]
データの公開
🖊 disclosureは「公開、発表」という意味の名詞。接頭辞dis-（反対の）とclosure（閉鎖）を合わせた語。つまり、情報などをオープンにすること。
□ disclose 〔他〕〜を公開する

□ **rate on a scale of 1 to 5** [réit án ə skéil əv wʌ́n tə fáiv]
1から5の段階で評価する
🖊 on a scale of 〜 to ... で「〜から…の段階で」の意味。

Score-Up Booster

managementには「経営、管理」の意味のほか、「経営陣」の意味もある。また、経営に携わる重役を(corporate) executiveといい、取締役会をexecutive boardやboard of directorsという。

記事

The government is pressuring the ①food service industry to make meals healthier. The goal is to get people to ②cut down on their sugar intake. The plan has had ③various levels of success.

政府はより健康的な食事を作るよう、①外食産業に圧力をかけています。人々に②砂糖の摂取を減らしてもらうことが目標です。この計画は、③様々なレベルの成功をおさめています。

☐ **food service industry** [fúːd séːrvis índəstri]
外食産業
🖊 industryは「産業、業界」という意味の名詞。

☐ **cut down on sugar intake** [kʌ́t dáun ɑ́n ʃúgər íntèik]
砂糖の摂取を減らす
🖊 intakeは「摂取量、吸い込み量」という意味の名詞。

☐ **various levels of success** [véəriəs lévəlz əv səksés]
様々なレベルの成功
🖊 successは「成功」という意味の名詞。levelは「段階、水準」の意味。
☐ successful 形成功した　☐ succeed 自成功する

Boost-Up

☐ **run a confectionery store** [rʌ́n ə kənfékʃənèri stɔ́ːr]
お菓子屋さんを経営する
🖊 runは「〜を経営する」という意味の他動詞。

☐ **typical case** [típikəl kéis]
典型的な例
🖊 typicalは「典型的な」という意味の形容詞。
☐ typically 副典型的に、通常は

Score-Up Booster

TOEICには、食事や栄養に関する話題も多い。nutrition（栄養）やnutritionist（栄養士）などもよく登場する。健康維持のための施策や提案などの理解を問う問題が多く出題される。

Mr. Tanaka visited the clinic to ①have a checkup. His ②physical condition was evaluated by a doctor. He was instructed to ③take medicine for a couple of days.

メモ

田中さんは①健康診断を受けるために診療所を訪れました。医師に②体調を評価してもらいました。2、3日③薬を飲むよう指示されました。

☐ **have a checkup** [hǽv ə tʃékʌp]
健康診断を受ける
　🖋 checkupは「健康診断、検査」という意味の名詞。medical checkupともいう。

☐ **physical condition** [fízikəl kəndíʃən]
体調
　🖋 physicalは「身体の、肉体の」という意味の形容詞。
　☐ physically 【副】身体的に、物理的に

☐ **take medicine** [téik médəsin]
薬を飲む
　🖋 medicineは「薬」という意味の名詞。「医学」の意味もある。
　☐ medication 【名】薬物、治療、薬剤

Boost-Up

☐ **cure disease** [kjúər dizíːz]
病気を治療する
　🖋 diseaseは「病気」という意味の名詞。同義語にillnessがある。

☐ **examine a patient** [igzǽmin ə péiʃənt]
患者を診察する
　🖋 patientは「患者、病人」という意味の名詞。patientは「患者、病人」という意味の名詞。形容詞は同じ形で「忍耐強い」という意味になる。
　☐ patience 【名】忍耐力、我慢

Score-Up Booster

健康診断や歯科検診に関する話題もよく登場する。Part 3、4で出る場合には、予約の変更に関する話が多い。

広告

Springstart Analytics will help you ①reach your full potential.
Our experts will show you how to ②visualize a problem, and
③make accurate predictions using available data.

スプリングスタート・アナリティックスは、あなたが①最大限の可能性を発揮するお手伝い
をします。当社の専門家が②問題を視覚化し、入手できるデータを用いて③正確な予想を
する方法をご紹介します。

☐ reach full potential [ríːtʃ fúl pəténʃəl]
最大限の可能性を発揮する

🖉 potentialは「可能性、潜在力」という意味の名詞。形容詞も同じ形で「可能性のある、潜在的な」を意味する。

☐ visualize a problem [víʒuəlàiz ə prábləm]
問題を視覚化する

🖉 visualizeは「～を視覚化する、可視化する」という意味の他動詞。
☐ visualization 【名】視覚化

☐ make an accurate prediction [méik ən ǽkjurət pridíkʃən]
正確な予想をする

🖉 accurateは「正確な」という意味の形容詞。反意語はinaccurate「不正確な」。
☐ accuracy 【名】正確性

Boost-Up

☐ change your point of view [tʃéindʒ júər póint əv vjúː]
視点を変える

🖉 point of viewで「視点、見方」の意味。viewpointで表すこともできる。

☐ increase morale [inkríːs mərǽl]
士気を高める

🖉 moraleは「士気、やる気」という意味の名詞。

Score-Up Booster

and make accurate predictions using available dataのusingは、直前の名詞
predictionsに対して分詞の形で説明を追加している。predictions which[that] use
available dataと言い換えることもできる。

The Beenleigh ①Botanical Gardens provides various activities for visitors. Many people enjoy ②walking on the trails. They often comment on the ③magnificent scenery.

ビーンリー①植物園は来園者のためにさまざまなアクティビティーを用意しています。大勢の人が、②山道を歩くことを楽しみます。③壮大な景色について言及する人も多いです。

☐ **botanical garden** [bətǽnikəl gáːrdn]
植物園
🖊 botanicalは「植物の」という意味の形容詞。Part 7にbotanical gardenはよく出る。

☐ **walk on a trail** [wɔ́ːk ɑ́n ə tréil]
山道を歩く
🖊 hiking（ハイキング）をするイメージ。trailは「山道、小道」という意味の名詞。
☐ hike in the mountains　山でハイキングする

☐ **magnificent scenery** [mægnífəsnt síːnəri]
壮大な景色
🖊 magnificentは「壮大な、堂々とした」という意味の形容詞。excellentの同義語。
☐ breathtaking scenery　息をのむように美しい景色

Boost-Up

☐ **in an environmentally friendly manner**
[ín ən invàirənméntəli fréndli mǽnər]
環境に優しい方法で
🖊 friendlyは-lyがついているが、形容詞と副詞が同じ形である。同様に、weeklyやmonthlyも形容詞と副詞が同形。

☐ **wildlife habitat** [wáildlàif hǽbitæt]
野生動物の生息地
🖊 habitatは「生息地」という意味の名詞。
☐ habitation　名居住地

Score-Up Booster

動詞enjoyは後ろに動名詞が続くため、enjoy walkingと表す。ほかに動名詞が後ろに続く動詞にはfinish（終える）、suggest（提案する）、consider（検討する）、avoid（避ける）、delay（遅らせる）などがある。

手紙

Ms. Brown ①owns a property in Kingscliff. She plans to ②demolish the current building. After that, she will have a builder ③construct a house on the same spot.

ブラウンさんはキングスクリフに①不動産を所有しています。彼女は②現在ある建物を取り壊す予定です。その後、同じ場所で工務店に③家を建設してもらいます。

☐ **own property** [óun práperti(prɔ́pəti)]
不動産を所有する
　🖉 ownは「〜を所有する」という意味の他動詞。ownしている人をownerと呼ぶ。

☐ **demolish a building** [dimáliʃ ə bíldiŋ]
建物を取り壊す
　🖉 demolishは「〜を取り壊す、破壊する」という意味の他動詞。destroyの同義語。
　☐ demolition 　名破壊

☐ **construct a house** [kənstrʌ́kt ə háus]
家を建設する
　🖉 constructは「〜を建設する」という意味の他動詞。
　☐ construction 　名建設、建築工事　　☐ under construction 　建設中で
　☐ constructor 　名建設業者　　☐ constructive 　形建設的な

Boost-Up

☐ **licensed contractor** [láisənst kántræktər]
認可された請負業者
　🖉 contractorは「請負業者、契約者」という意味の名詞。
　☐ contract 　名契約

☐ **on the premises** [án ðə prémisiz]
敷地内で
　🖉 on the premisesは、建物を含む「敷地内で」を意味する。TOEICでは、ヘルメット着用義務や撮影禁止など、その敷地内での規則とともに使われることが多い。

Score-Up Booster

she will have a builder construct a houseのhaveは使役動詞であり、「have＋目的語＋動詞の原形」で「目的語に〜してもらう」を意味する。また、have my car repairedのように「have＋目的語＋過去分詞」で「目的語を〜してもらう」という使い方もある。

Quick Check Booster 111–120

252

01 ☐	プロジェクトを監督する o------ **a project**	oversee
02 ☐	データの公開 d--------- **of data**	disclosure
03 ☐	様々な経歴の人々 **people from various** b-----------	backgrounds
04 ☐	家を建設する c-------- **a house**	construct
05 ☐	正確な予想をする **make an** a------- **prediction**	accurate
06 ☐	様々なレベルの成功 **various levels of** s------	success
07 ☐	病気を治療する **cure** d------	disease
08 ☐	体調 p------- **condition**	physical
09 ☐	あらゆる点で **in every** r------	respect
10 ☐	認可された請負業者 **licensed** c---------	contractor
11 ☐	恩恵を得る r--- **the benefits**	reap
12 ☐	士気を高める **increase** m-----	morale
13 ☐	植物園 b-------- **garden**	botanical
14 ☐	ニーズと予算に合わせる m---- **your needs and budget**	match
15 ☐	砂糖の摂取を減らす **cut down on sugar** i-----	intake
16 ☐	不動産を所有する o-- **property**	own

17 ☐	流行に追いつく c---- u- w--- the trend	catch up with
18 ☐	外食産業 food service i-------	industry
19 ☐	売上の急増 s---- in sales	surge
20 ☐	問題を視覚化する v-------- a problem	visualize
21 ☐	要点を強調する e-------- the main points	emphasize
22 ☐	建物を取り壊す d------- a building	demolish
23 ☐	重要性を強調する h-------- the importance	highlight
24 ☐	薬を飲む take m-------	medicine
25 ☐	解釈の違い difference in i-------------	interpretation
26 ☐	健康診断を受ける have a c------	checkup
27 ☐	電気を節約する save e----------	electricity
28 ☐	お菓子屋さんを経営する r-- a confectionery store	run
29 ☐	情報を論理的にまとめる organize the information l--------	logically
30 ☐	最大限の可能性を発揮する reach full p--------	potential
31 ☐	天然資源を保護する p------- natural resources	preserve
32 ☐	消費者を引き付ける attract c--------	consumers
33 ☐	1から5の段階で評価する rate o- - s---- o- 1 to 5	on a scale of

34 ☐	自然を保護する c------- nature	conserve
35 ☐	空気を浄化する p----- the air	purify
36 ☐	まとまっている文書 w------------- document	well-organized
37 ☐	壮大な景色 m---------- scenery	magnificent
38 ☐	典型的な例 t------ case	typical
39 ☐	患者を診察する examine a p------	patient
40 ☐	専門用語を避ける avoid j-----	jargon
41 ☐	新入社員 new r------	recruit
42 ☐	野生動物の生息地 wildlife h------	habitat
43 ☐	口頭でコミュニケーションをとる communicate v-------	verbally
44 ☐	魅力的なデザイン a-------- design	appealing
45 ☐	環境に優しい方法で in an environmentally f------- manner	friendly
46 ☐	視点を変える change your p---- o- v---	point of view
47 ☐	定期評価 p------- evaluation	periodic
48 ☐	敷地内で o- t-- p-------	on the premises
49 ☐	山道を歩く walk on a t----	trail
50 ☐	再生可能なエネルギー源 r-------- source of energy	renewable

TOEIC® L&Rテスト
ボキャブラリーブースター

Unit 13

We are here to ①bid farewell to Bill Sanchez. He ②served as a mentor to many of us here. I would like to present him with this bouquet ③as a token of our gratitude.

紹介

今日はビル・サンチェスさんに①お別れの挨拶をするために集まっています。彼はここにいる多くの人にとって、②メンターの役目を務めました。私たちからの③感謝の印として、この花束を贈呈したいと思います。

□ **bid farewell** [bíd fὲərwél]
別れの挨拶をする
🖊 bidは「～を述べる」という意味の他動詞。ほかに「入札する」の意味もある。
□ bid on a contract　請負契約に入札する

□ **serve as a mentor** [sə́:rv əz ə ménto:r]
メンターの役目を務める
🖊 mentorは「助言者、教育係」という意味の名詞。指導を受ける側はmenteeという。

□ **as a token of our gratitude** [əz ə tóukən əv áuər grǽtətjùːd]
感謝の印として
🖊 as a token of ~ で「～の印として」の意味。
□ as a token of our appreciation　感謝の印として
□ as a token of our apology　謝罪の印として

Boost-Up

□ **take over the position** [téik óuvər ðə pəzíʃən]
職を引き継ぐ
🖊 take over ~ で「～を引き継ぐ」の意味。職や仕事など義務や責任を引き継ぐこと。

□ **retirement luncheon** [ritáiərmənt lʌ́ntʃən]
退職記念昼食会
□ retire [自]退職する　　□ retiree [名]退職者

Score-Up Booster

I would like to present him with this bouquet ...の「present 人 with 物」という使い方は、present this bouquet to himのように「present 物 to 人」とすることもできる。なお、provide（提供する）やaward（[賞などを] 与える）も同じ使い方ができる。

パンフ
レット

Cortell is a ①family-owned company. We have experienced ②steady growth over the last decade. Our employees enjoy working in a ③mutually supportive environment.

コーテルは①家族経営の会社です。この10年間で、②順調な成長を遂げてきました。当社の社員は、③相互に支えあう環境で働くことを楽しんでいます。

☐ **family-owned company** [fæməli óund kʌ́mpəni]
家族経営の会社
🖉 -ownedで「〜が経営している、所有している」の意味になる。

☐ **steady growth** [stédi gróuθ]
順調な成長
🖉 steadyは「安定した、固定された」という意味の形容詞。stableの同義語。
☐ steadily 副徐々に、着実に　　☐ grow steadily　順調に成長する

☐ **mutually supportive environment**
[mjúːtʃuəli səpɔ́ːrtive inváiərənmənt]
相互に支えあう環境
🖉 mutuallyは「相互に、互いに」という意味の副詞。
☐ mutual 形相互の、互いの　　☐ mutual understanding　相互理解

Boost-Up

☐ **delegate a task** [déligèit ə tæsk]
仕事を委託する
🖉 delegateは「〜を委託する、委任する」という意味の他動詞。同形の名詞は「代理人、代表団」の意味。
☐ deligation 名委託、代表団

☐ **earn a good reputation** [ə́ːrn ə gúd rèpjutéiʃən]
良い評判を得る
🖉 earnは「〜を稼ぐ」という意味もあるが、earn respect（尊敬を得る）のように、何かをした結果「(名声など)〜を得る」という意味でも使われる他動詞。

Score-Up Booster

We have experienced steady growth over the last decade.の、over the last decadeは、現在完了形と一緒に使われる。ほかに、for the past two years（過去2年間にわたって）やin the last two weeks（過去2週間にわたって）などもある。

記事

Many businesses took advantage of the ①economic stimulus plan. They received generous ②grants from the government. The money was to ③fund various projects.

多くの企業が①経済刺激計画をうまく利用しました。②政府からの潤沢な補助金を受け取ったのです。補助金は、③プロジェクトに資金を提供するために使われました。

□ **economic stimulus plan** [iːkənάːmik(ekənάmik) stímjuləs plǽn]
経済刺激計画
🖉 stimulusは「刺激」という意味の名詞。
　□ stimulate 他 ~を刺激する　　□ stimulation 名 刺激、興奮

□ **grant from the government** [grǽnt frʌm ðə gʌ́vərnmənt]
政府からの補助金
🖉 grantは「補助金」という意味の名詞。同じ形で他動詞「~に与える、許可する」という意味もある。

□ **fund a project** [fʌ́nd ə prάdʒekt]
プロジェクトに資金を提供する
🖉 fundは「~に資金を提供する」という意味の他動詞。同じ形で名詞「資金」の意味もある。

Boost-Up

□ **get a quote** [gét ə kwóut]
見積もりを取る
🖉 quoteは「見積もり」という意味の名詞。estimateの同義語。

□ **sponsor an event** [spánsər ən ivént]
イベントを後援する
🖉 sponsorは「~を後援する」という意味の他動詞。同形で名詞「出資者、スポンサー」の意味もある。
　□ sponsorship 名 スポンサーであること

Score-Up Booster

Part 7では、本文と選択肢で大きく言い換えられる。たとえば、They received generous grants from the government.に対して、正解の選択肢では The government provided financial support.（政府が財政援助を提供した）などに言い換えられるため、選択肢の理解も求められる。

> Xenedez is a ①clothing retailer. It stocks ②a wide range of
> products. All of them ③have very distinctive features.

広告

ゼネデズは①衣料品の小売店です。②幅広い種類の製品を扱っています。③非常に顕著な
特徴があるものばかりです。

☐ **clothing retailer** [klóuðiŋ ríːteilər]
衣料品の小売店
🖊 retailerは「小売業者」という意味の名詞。
　☐ retail 名小売り　☐ retail 自小売りされる　他〜を小売する

☐ **a wide range of products** [ə wáid réindʒ əv prɑ́ːdʌkts]
幅広い種類の製品
🖊 a wide selection[variety] of productsともいえる。

☐ **have distinctive features** [hæv distíŋktiv fíːtʃərz]
顕著な特徴がある
🖊 distinctiveは「独特の、特徴的な」という意味の形容詞。
　☐ distinction 名特徴、特質

Boost-Up

☐ **similarity and difference** [siməlǽrəti ənd dífərəns]
類似点と相違点
🖊 similarityは「類似点」という意味の名詞。
　☐ similar 形似ている　☐ be similar to ~ 〜に似ている

☐ **vary in size** [véəri ín sáiz]
サイズが様々ある
🖊 varyは「(〜の点で) 異なる、様々である」という意味の自動詞。vary in colorといえば、
　「色が様々ある」の意味。
　☐ various 形様々な

Score-Up Booster

リーディングにXenedezのように発音がわからない固有名詞が出た場合、会社名や人名である
ことがわかれば十分だ。固有名詞に惑わされないようにしたい。

> Captain's Table is becoming an ①<u>increasingly crowded</u> restaurant. Many patrons choose to ②<u>dine on the patio</u>. It is ③<u>a relaxed setting</u> where they can enjoy a meal with friends.

レビュー

> キャプテンズ・テーブルは、①ますます混んでいくレストランになってきています。客の多くは②テラスで食べることを選びます。③くつろいだ雰囲気の中で友人たちとの食事を楽しめる場所です。

☐ **increasingly crowded restaurant** [inkríːsiŋli kráudid réstərɑːnt]
ますます混んでいくレストラン

🖉 crowdedは「混雑した」という意味の形容詞。crowdは動詞では「群がる」、名詞では「群衆」の意味がある。

☐ **dine on the patio** [dáin ɑn ðə pǽtiòu]
テラスで食べる

🖉 dineは「食事をする」という意味の自動詞。dining roomは、食事する部屋のこと。なお、dineしている人をdiner（食事客）と呼ぶ。

☐ **relaxed setting** [rilǽkst sétiŋ]
くつろいだ雰囲気

🖉 settingは「環境」という意味の名詞。
☐ in a business setting　ビジネスシーンで

Boost-Up

☐ **go for an outing** [góu fɔːr ən áutiŋ]
遠足へ行く

🖉 outingは「遠足、遠出」という意味の名詞。picnicで言い換え可能。
☐ go on an outing　遠足へ行く

☐ **nutritious diet** [njuːtríʃəs dáiət]
栄養に富んだ食事

🖉 dietは「食事、食生活」という意味の名詞。このフレーズは、healthy diet（健康的な食事）とも表せる。
☐ nutrition　名栄養　☐ nutritionist　名栄養士

Score-Up Booster

Part 1の写真にレストランやカフェは頻出し、patio（テラス、中庭）やdiner（食事客）が頻出するため覚えておこう。

お知らせ

Bartlett Catering Service can accept jobs ①on short notice.
However, there may be an additional charge for any ②last-minute changes. Any amendments to the number of ③event participants must be approved in advance.

バートレット・ケータリングサービスは、①直前の通知で仕事を引き受けることができます。もっとも、②土壇場での変更がある場合、追加料金が発生することもあります。③イベント参加者の人数変更は、事前承認が必要です。

☐ **on short notice** [án ʃɔ́ːrt nóutis]
直前の通知で
　⌘ I'm sorry for such short notice. (このような直前のお知らせで申し訳ありません) のようにも使われる。noticeは「通知、通達」という意味の名詞。
　☐ notify 他～に知らせる、報告する

☐ **last-minute change** [lǽst mainjúːt tʃéindʒ]
土壇場での変更
　⌘ last-minuteは「土壇場の、締め切り間際の」という意味の形容詞。

☐ **event participant** [ivént pɑːrtísəpənt]
イベント参加者
　⌘ participantは「参加者、当事者」という意味の名詞。
　☐ participate in ~　～に参加する　　☐ participation 名参加

Boost-Up

☐ **no later than March 31** [nóu léitər ðæn mɑ́ːrtʃ θə́ːrti fə́ːrst]
3月31日までに
　⌘ no later than ~ で「～までに」の意味。byで言い換えることができる。

☐ **make an amendment** [méik ən əméndmənt]
修正する
　⌘ amendmentは「修正」という意味の名詞。修正の対象となるものは後ろに置き、amendment to the contract (契約の修正) のように使われる。
　☐ amend 他～を修正する

Score-Up Booster

英文のように、TOEICの設問では、追加料金について述べられることが多い。リスニング・リーディングの両方で問われやすい。どのような場合に追加料金が発生するのか把握したい。

記事

Hawkins is one of the country's most successful ①automobile manufacturers. It ②is ranked among the world's top ten in terms of safety. In recent years, it has ③gradually reduced its prices to attract more buyers.

ホーキンズは、国内で最も成功している①自動車メーカーの一つです。安全性に関しては、②世界トップ10にランクされています。近年、より多くの購買者を引きつけるために、③価格を徐々に減らしてきました。

☐ **automobile manufacturer** [ɔ́ːtəməbíːl mæ̀njufǽktʃərər]
自動車メーカー
🖊 automobileは「自動車」という意味の名詞。
☐ automotive manufacturer　自動車メーカー　　☐ automotive parts　自動車部品

☐ **be ranked among the world's top ten**
[bíː ræŋkt əmʌ́ŋ ðə wəːrˈldz tɑ́p tén]
世界トップ10にランクされる
🖊 rankは「ランクを占めさせる」という意味の他動詞。名詞では「ランク、階級」の意味。

☐ **gradually reduce the price** [grǽdʒuəli ridúːs ðə práis]
価格を徐々に下げる
🖊 graduallyは「徐々に、次第に」という意味の副詞。反意語はsuddenly（突然に）。
☐ gradual　形少しずつの、漸進的な

Boost-Up

☐ **severe competition** [səvíər kɑ̀mpətíʃən]
激しい競争
🖊 severeは「激しい、厳しい」という意味の形容詞。

☐ **stimulate the economy** [stímjulèit ði ikɑ́nəmi]
経済を刺激する
🖊 stimulateは「～を刺激する、活気づける」という意味の他動詞。
☐ stimulation　名刺激

Score-Up Booster

one of the country's most successful automobile manufacturersのように、「複数あるうちの一つ」であることからも、one of the booksやone of our productsのように、one ofの後ろは必ず「複数形」である。Part 5で問われることがある。

手紙

The Charmody Art Course is perfect for ①novice artists. All participants ②start from scratch. Most of our students ③achieve remarkable success in just a few weeks.

チャーモディー・アートコースは、①初心者のアーティストにぴったりです。参加者全員が②ゼロから始めるのです。生徒さんのほとんどが、ほんの数週間で③目覚ましい成功を遂げます。

☐ **novice artist** [návis ɑ́ːrtist]
初心者のアーティスト
🖊 noviceは「初心者、素人」という意味の名詞。beginnerの同義語。
☐ experienced artist 経験豊富なアーティスト

☐ **start from scratch** [stɑ́ːrt frʌ́m skrǽtʃ]
ゼロから始める
🖊 from scratchで「ゼロから、最初から」の意味。スポーツを始める際にスタートラインを引くこと (scratch) に由来する。

☐ **achieve remarkable success** [ətʃíːv rimɑ́ːrkəbl səksés]
目覚ましい成功を遂げる
🖊 remarkableは「目覚ましい、注目すべき」という意味の形容詞。
☐ remark 他〜に気付く、〜だと分かる   ☐ remarkably 副驚くほど、著しく

Boost-Up

☐ **paint a portrait** [péint ə pɔ́ːtrit]
肖像画を描く
🖊 portraitは「肖像画」という意味の名詞。自画像をself-portraitという。
☐ portray 他〜を描く、表現する

☐ **rich color variations** [rítʃ kʌ́lər væerriéiʃənz]
豊富な色の種類
🖊 richは「豊富な、豊かな」という意味の形容詞。経済的な裕福さだけでなく、種類や量などの「豊富さ」についても使われる。
☐ variant 形変わりやすい

Score-Up Booster

in just a few weeksのinには「〜間で、〜後に」という意味がある。I will be back in three days.と言えば、「3日後に戻る」を意味する。

広告

Are you planning a ①commemorative event? Sanchez Studio has a team of ②skillful photographers. We use state-of-the-art ③photo editing software to make your special memories perfect.

①記念イベントをご計画ですか？ サンチェス・スタジオには②熟達したカメラマンのチームがいます。特別な思い出を完璧なものにするために、最新の③写真編集ソフトを使用致します。

☐ commemorative event [kəmémərətiv ivént]
記念イベント

🖋 commemorativeは「記念の、記念となる」という意味の形容詞。

☐ commemorate 他～を祝う、記念する　　☐ commemoration 名記念、記念式

☐ skillful photographer [skílfəl fətágrəfər]
熟達した写真家

🖋 skillfulは「熟達した、腕の良い」という意味の形容詞。「skillを身につけた」という意味の「熟練の写真家」はskilled photographerという。

☐ photo editing software [fóutou éditiŋ sá:ftwer]
写真編集ソフト

🖋 editingは「編集」という意味の名詞。

☐ edit 他～を編集する　　☐ edition 名（刊行物などの）版

Boost-Up

☐ shoot a video [ʃú:t ə vídiòu]
ビデオを撮影する

🖋 shootは「～（写真や映画）を撮影する」という意味の他動詞。

☐ video shooting　ビデオ撮影

☐ mark a special occasion [má:rk ə spéʃəl əkéiʒən]
特別な日を記念する

🖋 markは「～を記念する、祝賀する」という意味の他動詞。

☐ mark the 10th anniversary　10周年を記念する

Score-Up Booster

photographerを含め、職業を指す単語を知ることは文脈の理解につながる。TOEICに頻出するplumber（配管工）、architect（建築家）、accountant（会計士）、auditor（監査人）、cashier（レジ係）、editor（編集者）、author（著者）なども覚えておきたい。

> ①Inclement weather has been forecast for the weekend. Drivers can expect ②icy road conditions on the Southeast Freeway. We advise avoiding the ③slippery roads and taking the train instead.

放送

週末は①悪天候の予報が出ています。ドライバーの皆さんは、サウスイースト・フリーウェイの②道路の凍結状況にご注意ください。③滑りやすい道路は避けて、代わりに電車のご利用をお勧めします。

☐ **inclement weather** [inklémənt wéðər]
悪天候
🖊 inclementは「荒れ模様の」という意味の形容詞。badの同義語。

☐ **icy road conditions** [áisi róud kəndíʃənz]
道路の凍結状況
🖊 icyは「氷で覆われた」という意味の形容詞。
☐ poor road conditions　劣悪な道路状況

☐ **slippery road** [slípəri róud]
滑りやすい道路
🖊 slipperyは「滑りやすい、よく滑る」という意味の形容詞。

Boost-Up

☐ **service a car** [sə́:rvis ə ká:r]
車を点検する
🖊 この場合のserviceは「〜を点検する、修理する」という意味の他動詞。examine（〜を点検する）やrepair（〜を修理する）の同義語。

☐ **steep incline** [stí:p ínklain]
急斜面
🖊 steepは「急な」という意味の形容詞。inclineは「傾斜、傾き」を意味する名詞。steep slope「急な坂道」ともいえる。

Score-Up Booster

交通情報では天候のほか工事などの情報も提供される。TOEICでは、スムーズに交通が流れている話はでないため、通行止め (be closed to traffic) や道路修復 (road repair) のほか、迂回する (take a detour) などの指示が出されることが多い。

01 ☐	激しい競争 s----- competition	severe
02 ☐	ゼロから始める start f--- s------	from scratch
03 ☐	土壇場での変更 l---------- change	last-minute
04 ☐	目覚ましい成功を遂げる achieve r--------- success	remarkable
05 ☐	類似点と相違点 s---------- and difference	similarity
06 ☐	家族経営の会社 family-o---- company	owned
07 ☐	豊富な色の種類 r--- color variations	rich
08 ☐	テラスで食べる d--- on the patio	dine
09 ☐	急斜面 s---- incline	steep
10 ☐	退職記念昼食会 r--------- luncheon	retirement
11 ☐	経済を刺激する s-------- the economy	stimulate
12 ☐	幅広い種類の製品 - w--- r---- o- products	a wide range of
13 ☐	3月31日までに n- l---- t--- March 31	no later than
14 ☐	仕事を委託する d------- a task	delegate
15 ☐	価格を徐々に下げる g-------- reduce the price	gradually
16 ☐	順調な成長 s----- growth	steady

17 ☐	良い評判を得る e--- **a good reputation**	earn
18 ☐	イベントを後援する s------ **an event**	sponsor
19 ☐	衣料品の小売店 **clothing** r-------	retailer
20 ☐	車を点検する s------ **a car**	service
21 ☐	相互に支えあう環境 m------- **supportive environment**	mutually
22 ☐	政府からの補助金 **grant from the** g---------	government
23 ☐	ビデオを撮影する s---- **a video**	shoot
24 ☐	特別な日を記念する m--- **a special occasion**	mark
25 ☐	プロジェクトに資金を提供する f--- **a project**	fund
26 ☐	見積もりを取る **get a** q----	quote
27 ☐	経済刺激計画 **economic** s------- **plan**	stimulus
28 ☐	栄養に富んだ食事 **nutritious** d---	diet
29 ☐	別れの挨拶をする b-- **farewell**	bid
30 ☐	職を引き継ぐ t--- o--- **the position**	take over
31 ☐	記念イベント c------------ **event**	commemorative
32 ☐	肖像画を描く **paint a** p-------	portrait
33 ☐	感謝の印として a- - t---- o- **our gratitude**	as a token of

34 ☐	顕著な特徴がある **have d---------- features**	distinctive
35 ☐	直前の通知で **on short n-----**	notice
36 ☐	修正する **make an a--------**	amendment
37 ☐	イベント参加者 **event p-----------**	participant
38 ☐	熟達した写真家 **s------- photographer**	skillful
39 ☐	滑りやすい道路 **s------- road**	slippery
40 ☐	サイズが様々ある **v--- i- size**	vary in
41 ☐	写真編集ソフト **photo e------ software**	editing
42 ☐	遠足へ行く **go for an o-----**	outing
43 ☐	ますます混んでいくレストラン **increasingly c------ restaurant**	crowded
44 ☐	悪天候 **i-------- weather**	inclement
45 ☐	世界トップ10にランクされる **be r----- among the world's top ten**	ranked
46 ☐	メンターの役目を務める **serve as a m-----**	mentor
47 ☐	くつろいだ雰囲気 **relaxed s------**	setting
48 ☐	初心者のアーティスト **n----- artist**	novice
49 ☐	自動車メーカー **a--------- manufacturer**	automobile
50 ☐	道路の凍結状況 **i-- road conditions**	icy

TOEIC® L&Rテスト ボキャブラリーブースター

Unit 14

> 手紙
>
> Marinov Associates is a ①charitable organization. It hopes to ②enhance awareness of local environmental problems. Therefore, it is ③organizing a fund-raising event for next month.
>
> マリノフ・アソシエイツは①慈善団体です。地元の環境問題への②意識を高めることを望んでいます。そのために、来月③資金集めイベントを計画しています。

☐ **charitable organization** [tʃǽrətəbl ɔ̀ːrgənizéiʃən(ɔ̀ːrgənaizéiʃən)]
慈善団体
🖋 charitableは「慈善を行う、慈善に関する」という意味の形容詞。
☐ charity 名慈善事業

☐ **enhance awareness** [inhǽns əwέərnis]
意識を高める
🖋 awarenessは「意識、認識」という意味の名詞。フレーズはraise awareness（意識を高める）とも言える。
☐ aware 形知っている、気づいている　　☐ be aware of ～ ～に気づいている

☐ **organize a fund-raising event** [ɔ́ːrgənàiz ə fʌ́nd réiziŋ ivént]
資金集めイベントを計画する
🖋 fund-raisingは「資金集め、資金調達」という意味の名詞。fund-raising eventのことを、fund-raiser（資金集めのイベント）とも言う。

Boost-Up

☐ **raise concerns** [réiz kənsə́ːrnz]
関心を高める
🖋 concernは「関心、懸念」という意味の名詞。
☐ concerned 形関心を持っている、心配している

☐ **overcome an obstacle** [òuvərkʌ́m ən ábstəkl]
障害を乗り越える
🖋 obstacleは「障害、邪魔」という意味の名詞。difficultyと言い換え可能。

Score-Up Booster

local environmental problemsは「形容詞＋形容詞＋名詞」という構造であるが、「どのような」environmental problemsかを説明するため、副詞locallyではなく、形容詞localが用いられている。

情報

Doctors recommend that you ①incorporate exercise into your daily life. However, it is not necessary to ②stick to a strict schedule. You can ③spend twenty minutes working out when you have time.

医者は①日常生活に運動を組み込むことを推奨しています。ですが、何も厳しい②スケジュールを守る必要はありません。時間のある時に、③20分費やせばいいのです。

☐ incorporate exercise into your daily life

[inkɔ́:rpərèit éksərsàiz ìntə júər déili láif]

日常生活に運動を組み込む

🖊 incorporateは「〜を組み込む」という意味の他動詞。

☐ incorporation　名合体

☐ stick to a schedule [stík tə ə skédʒu:l(ʃédju:l)]

スケジュールを守る

🖊 stick to 〜 で「〜に忠実である」の意味。「〜に粘着する」の意味もあり、ここでは人ケジュールにぴったり張り付くイメージ。

☐ spend twenty minutes [spénd twénti mínits]

20分費やす

🖊 spendは「〜を費やす」という意味の他動詞。時間だけでなく、spend two thousand dollars（2000ドル費やす）のようにお金についても使われる。

Boost-Up

☐ stretch your muscles [strétʃ júər mʌ́slz]

筋肉を伸ばす

🖊 stretchは「〜を伸ばす、張る」という意味の他動詞。

☐ cross your arms [krɔ́:s júər ɑ:rmz]

腕を組む

🖊 crossは「〜を組み合わせる」という意味の他動詞。脚を組む場合はcross your legs。

☐ crossing　名横断歩道、交差点

Score-Up Booster

動詞spendは、spend twenty minutes (on) working outのように、「spend＋時間＋(on)」」の後に動名詞を置くと「〜することに時間を費やす」となる。なお、名詞を続ける場合にはspend twenty minutes on exercise（運動に20分費やす）となる。

We should include a ①profile of an entrepreneur in the magazine. It should ②highlight the person's accomplishments. I would like you to ③nominate people who might be suitable.

Eメール

雑誌に①起業家の紹介を入れましょう。当人の②実績を強調するといいですね。ふさわしいと思われる③人々を推薦してください。

☐ **profile of an entrepreneur** [próufail əv ən à:ntrəprəné:r]
起業家の紹介

✎ profileは「プロフィール、人物紹介」という意味の名詞。動詞としても使われ、profile an entrepreneur (起業家を紹介する) という表現もある。

☐ **highlight your accomplishments** [háilàit júər əká:mpliʃmənts]
実績を強調する

✎ accomplishmentは「実績、業績」という意味の名詞。

☐ accomplish 他 ~を成し遂げる、完遂する

☐ **nominate people** [nάmənèit pí:pl]
人々を推薦する

✎ nominateは「~を推薦する、指名する」という意味の他動詞。

☐ nomination 名 推薦、指名　　☐ nominee 名 推薦された人、候補者

Boost-Up

☐ **on behalf of our company** [án bihǽf əv áuər kʌ́mpəni]
会社を代表して

✎ on behalf of ~ で「~を代表して、~に代わって」の意味。

☐ on behalf of our president　社長に代わって

☐ **personal biography** [pəːrsənəl baiάgrəfi]
個人の経歴

✎ biographyは「経歴、伝記」という意味の名詞。autobiographyといえば「自伝」のこと。

Score-Up Booster

Part 7で、人物が紹介されている記事に対して、目的が問われる場合、To profile a businessperson (ビジネスパーソンを紹介すること) のような選択肢が正解になることがある。

Unit 1　Unit 2　Unit 3　Unit 4　Unit 5　Unit 6　Unit 7　Unit 8　Unit 9　Unit 10

お知らせ

We are ①renovating the building next week. The work will be carried out in the evenings to ②minimize disruption. The area will be blocked off to ③ensure safety.

来週①建物を改装する予定です。②混乱を最低限に抑えるために、作業は夜間に行われます。③安全を保障するため、周囲は閉鎖されます。

☐ **renovate the building** [rénəvèit ðə bíldiŋ]
建物を改装する
🖉 renovateは「〜を改装する、修理する」という意味の他動詞。
☐ renovation 图改装、修理

☐ **minimize disruption** [mínəmàiz disrʌ́pʃən]
混乱を最低限に抑える
🖉 minimizeは「〜を最小限にする」という意味の他動詞。
☐ disrupt 他〜を中断させる、〜を混乱させる

☐ **ensure safety** [inʃúər séifti]
安全を保障する
🖉 ensureは「〜を保障する、確実にする」という意味の他動詞。接頭辞en-（〜にする）にsure（確実である）で構成されている。

Boost-Up

☐ **prior to approval** [práiər tə əprúːvəl]
承認の前に
🖉 approvalは「承認、認可」という意味の名詞。
☐ approve 他〜を承認する

☐ **eliminate a problem** [ilímənèit ə prάbləm]
問題を取り除く
🖉 eliminateは「〜を取り除く、排除する」という意味の他動詞。
☐ elimination 图除去、削除、排除

Score-Up Booster

TOEICに登場するoffice renovationは業務時間内に行われることもある。minimize disruptionであることも伝えられる一方で、noise（騒音）等で集中できない場合にはtemporary workspace（臨時の仕事場）に移動できることも多い。

> Mr. Timms will ① leave for London this morning. His ② estimated time of arrival in London is 4:35 P.M. He will be working there for an extended ③ length of time.
>
> **Eメール**
>
> ティムズさんは今朝のうちに①ロンドンに向けて出発します。ロンドンの②到着予定時刻は、4時35分です。長い③期間そこで仕事をすることになります。

☐ **leave for London** [líːv fɔːr lʌ́ndən]
ロンドンに向けて出発する
🖉 leave for ~ で「~に向かって出発する」の意味。
☐ leave from Japan　日本から離れる

☐ **estimated time of arrival** [éstimeitid táim əv əráivəl]
到着予定時刻
🖉 arrivalは「到着」という意味の名詞。
☐ arrive　⾃到着する　　☐ estimated time of departure　出発予定時間

☐ **length of time** [léŋθ əv táim]
時間の長さ
🖉 lengthは「長さ」という意味の名詞。
☐ long　形長い　　☐ lengthen　他~を長くする

Boost-Up

☐ **detailed timeline** [díːteild táimlain]
詳細なスケジュール
🖉 timelineは「スケジュール、予定」という意味の名詞。
☐ timetable　名時刻表

☐ **promptly at ten o'clock** [prámptli ət tén əklák]
10時ちょうどに
🖉 promptlyは「ちょうど、きっかり」という意味の副詞。ほかに「即座に、敏速に」の意味もある。
☐ precisely at ten o'clock　10時ちょうどに

Score-Up Booster

He will be working there for an extended length of time.の「will be ~ing」は、予定に関することで継続性がある場合に使われる。ほかに、He will be staying in London next week.（彼は来週ロンドンに滞在しています）のように用いられる。

会話

M: I'd like you to ①assemble that cabinet before the guests arrive.

W: Shall I also ②tidy up the room?

M: Yes, and don't forget to ③wipe the table.

男性：お客さんが来るまでに、①棚を組み立ててもらえますか？
女性：②部屋も片付けましょうか？
男性：そうですね、それに③テーブルを拭くのも忘れないでください。

□ **assemble a cabinet** [əsémbl ə kǽbənit]
棚を組み立てる
✐ assembleは「～を組み立てる、集める」という意味の他動詞。
□ assembly 图組み立て、集会

□ **tidy up a room** [táidi ʌ́p ə rúːm]
部屋を片付ける
✐ tidy up ~ で「～をきれいに片付ける」の意味。
□ tidiness 图整頓されている状態

□ **wipe a table** [wáip ə téibl]
テーブルを拭く
✐ wipeは「～を拭く」という意味の他動詞。
□ wiper 图ワイパー

Boost-Up

□ **sweep the floor** [swíːp ðə flɔ́ːr]
床を掃く
✐ sweepは「～を掃く、掃除する」という意味の他動詞。

□ **hold onto a railing** [hóuld ántuː ə réiliŋ]
手すりにつかまる
✐ hold onto ~ は「～につかまる」。手すりはrailingのほか、handrailという言い方もある。

Score-Up Booster

Part 1では掃除中の写真も多く登場する。The man is cleaning the room.（男性が部屋を掃除している）のほか、The man is sweeping the floor.（男性が床をほうきで掃いている）も多い。

🔊)) 286-287

お知らせ

We are having staff ①pass out flyers to gym members. They're promoting our new ②referral program. Members who ③refer a friend can get 20 percent off.

スタッフがジム会員の皆様に①チラシを配っています。新しい②紹介プログラムを宣伝しているのです。③友達をご紹介いただいた会員の方には、20パーセント割引させていただきます。

☐ **pass out a flyer** [pǽs áut ə fláiər]
チラシを配る
🖋 pass out ~ で「～を配る、配布する」の意味。同義語のdistribute（配布する）も重要。

☐ **referral program** [rifə́:rəl próugræm]
紹介プログラム
🖋 referralは「紹介、推薦」という意味の名詞。

☐ **refer a friend** [rifə́:r ə frénd]
友達を紹介する
🖋 referは「～を紹介する、参照させる」という意味の他動詞。自動詞で使うと「参照する」を意味し、refer to a manual「マニュアルを参照する」のように使われる。

Boost-Up

☐ **put together a list** [pút təgéðər ə líst]
リストをまとめる
🖋 put together ~ で「～をまとめる、組み立てる」の意味。

☐ **testimonials from clients** [tèstəmóuniəlz frʌm kláiənts]
顧客からの感想
🖋 testimonialは「お客さまの声、推薦状」という意味の名詞。同義語はrecommendation（推薦）。

Score-Up Booster

よくある「お友達紹介キャンペーン」がreferral program。TOEICでは、商品やサービスの紹介プログラムのほか、企業の既存社員が入社に興味がある友人を人事部に紹介するというreferral programも登場する。

Ms. Fields ①played an important role in our marketing department. She was a ②key factor in the success of our recent product launch. I believe she has a very ③promising future at the company.

会議の発言

フィールズさんは我が社のマーケティング部で①重要な役割を担いました。彼女は直近の製品発売の、②成功のカギとなる要因でした。我が社で非常に③有望な将来が待っていると思います。

☐ **play an important role** [pléi ən impɔ́ːrtənt róul]
重要な役割を担う
🖉 play a roleで「役割を果たす」の意味。

☐ **key factor in the success** [kíː fǽktər in ðə səksés]
成功のカギとなる要因
🖉 factorは「要因、要素」という意味の名詞。element（要因、要素）の同義語。

☐ **promising future** [prámisiŋ fjúːtʃər]
有望な将来
🖉 promisingは「有望な、将来性のある」という意味の形容詞。
☐ promise 動～を約束する　☐ promise 名約束

Boost-Up

☐ **duration of service** [djuréiʃən əv sə́ːrvis]
勤続年数
🖉 durationは「継続期間」という意味の名詞。
☐ for the duration of the contract　契約期間中　☐ during 前～の間

☐ **primary duty** [práimeri djúːti]
主要な任務
🖉 primaryは「主要な、最も重要な」という意味の形容詞。mainの同義語。
☐ prime 形最も重要な　☐ primarily 副主に、最初に

Score-Up Booster

Part 3、4の易しめの問題では、What department does Ms. Fields work in?（フィールズさんはどの部署で働いていますか）やWhat field does the speaker most likely work in?（話し手はどの分野で働いていると考えられますか）などが問われる。

✉ Eメール

We are ①addressing your request for a larger desk. The supplier is now ②checking availability and prices. The outcome of that will ③inform our decision.

より大きいデスクが欲しいという①リクエストに対応しています。現在供給業社が価格と②入手可能か確認しています。その結果が③判断材料となります。

☐ **address your request** [ədrés júər rikwést]
リクエストに対応する
🖊 addressは「〜に対応する、取り組む」という意味の他動詞。
☐ accommodate your request　リクエストに応える

☐ **check availability** [tʃék əvèiləbíləti]
入手可能か確認する
🖊 availabilityは「入手・利用の可能性」という意味の名詞。
☐ available 　形利用できる、入手できる

☐ **inform a decision** [infɔ́ːrm ə disíʒən]
決定を知らせる
🖊 decisionは「決定、決心」という意味の名詞。informはinform 人 of 〜 や、inform 人 that 主語・動詞の構文がある。
☐ inform you of the decision　決定をあなたに知らせる

Boost-Up

☐ **outline the project** [áutlàin ðə prɑ́dʒekt]
プロジェクトの概要を説明する
🖊 outlineは「〜の概要を説明する」という意味の他動詞。名詞は同じ形で「概要、輪郭」。
☐ outline of a report　レポートの概要

☐ **be applicable to all conditions** [bí: ǽplikəbl tə ɔ́ːl kəndíʃənz]
全ての状況に適用される
🖊 applicableは「適用できる、応用できる」という意味の形容詞。
☐ application 　名適用、利用、申し込み

Score-Up Booster

動詞addressは様々な目的語を取ることができ、address a problem（問題に対処する）、address the audience（聴衆に話す）、address an envelope（封筒に宛名を書く）などの使い方がある。「動詞＋目的語」のセットで覚えてしまいたい。

> This heater is an ①electronic appliance. It is constructed from ②water-resistant materials. Nevertheless, users should ③avoid its exposure to water.
>
> このヒーターは①電子機器です。②耐水素材で作られています。それでもなお、使用する際は③水濡れを避けるようにしてください。

説明書

☐ electronic appliance [ilektránik əpláiəns]
電子機器
🖉 applianceは「機器、器具」という意味の名詞。
☐ appliance store　電化製品店　　☐ electronics store　電器店

☐ water-resistant material [wɔ́:tər rizístənt mətíəriəl]
耐水素材
🖉 resistantは「耐久性のある」という意味の形容詞。
☐ fire-resistant　防火性のある　　☐ heat-resistant　耐熱性のある

☐ avoid exposure to water [əvɔ́id ikspóuʒər tə wɔ́:tər]
水濡れを避ける
🖉 exposureは「さらされていること」という意味の名詞。
☐ expose　[他]～をさらす

Boost-Up

☐ beautifully crafted product [bjú:təfəli krǽftid prádʌkt]
美しく作り上げられた製品
🖉 craftedは「巧みに作られた」という意味の形容詞。
☐ craft　[名]～を精巧に作る　　☐ craftsperson　[名]職人

☐ use a power tool [jú:z ə páuər tú:l]
電動工具を使う
🖉 power toolは「電動工具」の意味。

Score-Up Booster

取扱説明書 (instruction manual) はPart 7でよく登場する。何の説明書なのか、手順 (procedures) は何か、注意事項は何か、などが問われることが多い。

01 ☐	混乱を最低限に抑える m------- disruption	minimize
02 ☐	20分費やす s---- twenty minutes	spend
03 ☐	有望な将来 p-------- future	promising
04 ☐	リストをまとめる p-- t------- a list	put together
05 ☐	棚を組み立てる a------- a cabinet	assemble
06 ☐	ロンドンに向けて出発する l---- f-- London	leave for
07 ☐	人々を推薦する n------- people	nominate
08 ☐	実績を強調する highlight your a--------------	accomplishments
09 ☐	腕を組む c---- your arms	cross
10 ☐	筋肉を伸ばす s------ your muscles	stretch
11 ☐	10時ちょうどに p------- a- ten o'clock	promptly at
12 ☐	電動工具を使う use a p---- t---	power tool
13 ☐	チラシを配る p--- o-- a flyer	pass out
14 ☐	顧客からの感想 t----------- from clients	testimonials
15 ☐	美しく作り上げられた製品 beautifully c------ product	crafted
16 ☐	詳細なスケジュール detailed t-------	timeline

17 ☐	電子機器 **electronic a--------**	appliance
18 ☐	プロジェクトの概要を説明する **o------ the project**	outline
19 ☐	水濡れを避ける **avoid e------- to water**	exposure
20 ☐	障害を乗り越える **overcome an o-------**	obstacle
21 ☐	会社を代表して **o- b----- o- our company**	on behalf of
22 ☐	紹介プログラム **r------- program**	referral
23 ☐	スケジュールを守る **s---- t- a schedule**	stick to
24 ☐	全ての状況に適用される **be a--------- to all conditions**	applicable
25 ☐	重要な役割を担う **p--- an important r---**	play, role
26 ☐	関心を高める **raise c-------**	concerns
27 ☐	慈善団体 **c--------- organization**	charitable
28 ☐	安全を保障する **e----- safety**	ensure
29 ☐	到着予定時刻 **estimated time of a------**	arrival
30 ☐	耐水素材 **water-r-------- material**	resistant
31 ☐	決定を知らせる **inform a d-------**	decision
32 ☐	テーブルを拭く **w--- a table**	wipe
33 ☐	友達を紹介する **r---- a friend**	refer

34 ☐	入手可能か確認する check a-----------	availability
35 ☐	リクエストに対応する a------ your request	address
36 ☐	勤続年数 d------- of service	duration
37 ☐	主要な任務 p------ duty	primary
38 ☐	部屋を片付ける t--- u- a room	tidy up
39 ☐	問題を取り除く e-------- a problem	eliminate
40 ☐	起業家の紹介 p------ of an entrepreneur	profile
41 ☐	成功のカギとなる要因 key f----- in the success	factor
42 ☐	資金集めイベントを計画する organize a f----------- event	fund-raising
43 ☐	時間の長さ l----- of time	length
44 ☐	建物を改装する r------- the building	renovate
45 ☐	床を掃く s---- the floor	sweep
46 ☐	個人の経歴 personal b--------	biography
47 ☐	承認の前に prior to a-------	approval
48 ☐	意識を高める enhance a--------	awareness
49 ☐	日常生活に運動を組み込む i---------- exercise into your daily life	incorporate
50 ☐	手すりにつかまる h--- o--- a railing	hold onto

TOEIC® L&Rテスト
ボキャブラリーブースター

Unit 15

> W: We need to ①trim some branches around the building.
> M: I'd rather not ②climb a ladder that high.
> W: Can you ③hire a landscaper, then?
>
>
> 会話
>
> 女性：建物周囲の①枝をきれいに整える必要があります。
> 男性：あれだけ高い②はしごを昇るのは避けたいです。
> 女性：では、③庭師にお願いしてもらえますか？

☐ **trim branches** [trím bræntʃiz]
  枝をきれいに整える
  🖊 branchは「枝」という意味の名詞。ほかに「支店」の意味でも頻出。
  ☐ open a new branch　新しい支店をオープンする

☐ **climb a ladder** [kláim ə lædər]
  はしごを昇る
  🖊 ladderは「はしご」という意味の名詞。

☐ **hire a landscaper** [háiər ə lændskèipər]
  庭師にお願いする
  🖊 landscaperは「庭師、造園師」という意味の名詞。
  ☐ landscape　名風景、景色　☐ landscaping company　造園会社

Boost-Up

☐ **loosen a screw** [lúːsn ə skrúː]
  ねじを緩める
  🖊 loosenは「〜を緩める、解く」という意味の他動詞。「ねじを締める」はtighten a screw。
  ☐ loose　形緩い、緩んだ

☐ **hammer a nail into a wall** [hæmər ə néil ìntə ə wɔ́ːl]
  壁にクギを打つ
  🖊 hammerは名詞では「ハンマー、金づち」他動詞では「〜を打つ」を意味する。nailは「クギ、びょう」という意味の名詞。

Score-Up Booster

I'd rather ...は、I would ratherの短縮形で「むしろ…したい、…する方がよい」を意味する。肯定文では「I'd rather＋動詞の原形」、否定文では「I'd rather not＋動詞の原形」（…したくない）となる。

報告書

An analyst found that our kitchen staff was using ①outdated methods. She provided them with some ②up-to-date information. It has ③improved their work efficiency immeasurably.

うちの調理スタッフが①時代遅れの方法をとっていることに、アナリストが気付きました。彼女は皆に②最新の情報を教えてくれました。それは計り知れないほど③作業効率を改善することにつながりました。

☐ **outdated method** [àutdéitid méθəd]
時代遅れの方法
🖉 outdatedは「時代遅れの、旧式の」という意味の形容詞。同義語にold-fashioned（時代遅れの）やobsolete（時代遅れの）もある。

☐ **up-to-date information** [ʌ́p tə déit ìnfərméiʃən]
最新の情報
🖉 up-to-dateは「最新の、現代的な」という意味の形容詞。

☐ **improve work efficiency** [imprúːv wə́ːrk ifíʃənsi]
作業効率を改善する
🖉 efficiencyは「効率、能率」という意味の名詞。
☐ efficient 形効率的な、能率的な　　☐ efficiently 副能率的に、効果的に

Boost-Up

☐ **struggle with a problem** [strʌ́gl wið ə prábləm]
問題と格闘する
🖉 struggle with ~ で「~と闘う、~に取り組む」の意味。

☐ **unpredictable occurrence** [ʌnpridíktəbl əkə́ːrəns]
予測できない出来事
🖉 unpredictableは、接頭辞un-（~ない）、predict（予測する）、接尾辞-able（できる）で構成される「予測できない」という意味の形容詞。
☐ prediction 名予測、予報、予想　　☐ occur 自起こる

Score-Up Booster

It has improved their work efficiency immeasurably.のimmeasurablyを知らない場合でも、副詞のため動詞improvedを修飾していることがわかれば「改善の程度を表している」と推測できる。なお形容詞や副詞は、飛ばして読んでも問題ないことも多い。

紹介

Greg Miles is an ①aspiring actor. He is about to ②make his debut in an amateur film. They will ③film the movie in late April.

グレッグ・マイルズさんは①俳優志望者です。彼はアマチュア映画でもうすぐ②デビューします。4月下旬に③映画を撮る予定です。

□ **aspiring actor** [əspáiəriŋ ǽktər]
俳優志望者
✑ aspiringは「～志望の、野心のある」という意味の形容詞。
□ aspire 自熱望する、求める □ aspiration 名熱望、野心

□ **make a debut** [méik ə deibjúː]
デビューする
✑ debutは「デビュー、初出演」という意味の名詞。フランス語に由来する単語。

□ **film a movie** [fílm ə múːvi]
映画を撮る
✑ filmは「～を撮る、フィルムに収める」という意味の他動詞。

Boost-Up

□ **movie critic** [múːvi krítik]
映画評論家
✑ criticは「評論家、批評家」という意味の名詞。
□ criticism 名批評、評論 □ criticize 他～を批評する、～のあら探しをする
□ critical 形重大な、批判的な

□ **star in a movie** [stáːr ín ə múːvi]
映画に主演する
✑ starは「主演する」という意味の自動詞。同じ形で名詞「主役、スター」の意味もある。

Score-Up Booster

He is about to make his debut in an amateur film.のbe about to ~ は「～するところである」を意味する。I'm about to leave the office.といえば「まさにオフィスを出るところ」である。

メモ

We are ①holding a meeting this afternoon. I will ②distribute a handout to the participants. It ③mentions the main points that we need to discuss.

今日の午後①会議を開きます。出席者に②資料を配布する予定です。話し合うべき③重要なポイントを述べたものになります。

☐ **hold a meeting** [hóuld ə mí:tiŋ]
会議を開く
🖊 holdは「～を開く、催す」という意味の他動詞。
☐ hold a party　パーティを開催する

☐ **distribute a handout** [distríbju:t ə hǽndàut]
資料を配布する
🖊 distributeは「～を配布する、配給する」という意味の他動詞。
☐ distribution　名 分配、配給、流通　　☐ distributor　名 販売代理店、卸売業者

☐ **mention the main points** [ménʃən ðə méin póints]
重要なポイントを述べる
🖊 mentionは「～を述べる、～に言及する」という意味の他動詞。

Boost-Up

☐ **enclose a document** [inklóuz ə dάkjumənt]
資料を同封する
🖊 encloseは、接頭辞en-（中に）とclose（閉じる）で構成される、「～を同封する」という意味の他動詞。
☐ enclosure　名 同封物、同封

☐ **minutes from the last meeting** [mínits frΛm ðə lǽst mí:tiŋ]
前回の会議の議事録
🖊 minutesは「議事録」という意味の名詞。「分」の意味との区別に注意。
☐ meeting minutes　議事録

Score-Up Booster

会議に関する語句は重要表現が多いほか、選択肢で言い換えられることも多い。たとえば、distributeはpass out ~（～を配る）、handoutはmaterial（資料）、participantsはattendees（出席者）と言い換えることもできる。

303-304

> This is the road that ①leads to the lake. There is some
> wonderful scenery ②along the river bank. We will ③reach our
> final destination in about 20 minutes.
>
> 案内
>
> これが①湖に続く道です。②川岸に沿って素晴らしい景色が見られます。20分ほどで③最
> 終目的地に到着する予定です。

☐ **lead to the lake** [líːd tə ðə léik]
湖に続く
✐ lead to ~ で「~に続く、至る」の意味。

☐ **along the river bank** [əlɔ́ːŋ ðə rívər bǽŋk]
川岸に沿って
✐ alongは「~に沿って、したがって」という意味の前置詞。

☐ **reach our final destination** [ríːtʃ áuər fáinl dèstənéiʃən]
最終目的地に到着する
✐ reachは「~に到着する、着く」という意味の他動詞。
☐ arrive at the final destination　最終目的地に到着する

Boost-Up

☐ **vast land** [vǽst lǽnd]
広大な土地
✐ vastは「広大な、非常に広い」という意味の形容詞。同義語にhuge（大きい）やmassive
（巨大な）がある。

☐ **restricted area** [ristríktid éəriə]
立ち入り禁止区域
✐ restrictedは「制限された、限られた」という意味の形容詞。
☐ restrict　他 ~を制限する、限定する　　☐ restriction　名制限、限定
☐ restrictive　形制限的な、限定的な

Score-Up Booster

Part 1にて、小道が建物に続いているような写真でThe path leads to the building.（小道
が建物に続いている）やThe path extends to the building.（小道が建物まで伸びている）
のように描写されることがある。

212

Unit 1　Unit 2　Unit 3　Unit 4　Unit 5　Unit 6　Unit 7　Unit 8　Unit 9　Unit 1

M: I have a reservation for ①a party of five.

W: Yes, we're ②looking forward to seeing you this evening.

M: Thanks, but I'd like to ③modify my reservation.

会話

男性：①5人グループで予約をしている者です。

女性：はい、②今夜お会いするのを楽しみにしています。

男性：ありがとうございます、でも③予約を変更したいのです。

☐ **a party of five** [ə pá:rti əv fáiv]
5人グループ
⚘ partyは「グループ、一行」という意味の名詞。ほかにも「パーティー」はもちろん、「政党」の意味もある。
☐ cater for a party　パーティーの仕出しをする　　☐ political party　政党

☐ **look forward to seeing you** [lúk fɔ́:rwərd tə sí:iŋ jú:]
会えるのを楽しみにしている
⚘ look forward to ~ で「~を楽しみにする」の意味。toの後ろには名詞が続く点に注意。

☐ **modify a reservation** [mádəfài ə rèzərvéiʃən]
予約を変更する
⚘ modifyは「~を変更する、修正する」という意味の他動詞。changeの同義語。
☐ modification　[名]修正、変更

Boost-Up

☐ **provide contact information** [prəváid kántækt ìnfərméiʃən]
連絡先の情報を提供する
⚘ contact informationには、名前、住所、電話番号、メールアドレスなどが含まれる。

☐ **designated area** [dézignèitid éəriə]
指定された場所
⚘ designatedは「指定された、指名された」という意味の形容詞。
☐ designate　[他]~を指名する、任命する　　☐ designation　[名]指名、任命

Score-Up Booster

Part 3、4でパーティーや食事会に関する話題は多い。vegetarian menu（ベジタリアンのメニュー）なども登場し、meal options（食事の選択肢）の一つに言い換えられることがある。

307-308

>
> Before he decided to ①pursue a career in robotics, Mr. Yates
> ②founded a software development company. He plans to return
> there once he has ③made a significant contribution to the field
> of robotics.
>
> **手紙**
>
> ロボット工学で①キャリアを追求すると決める前、イエーツさんは②ソフトウェア開発会社
> を設立しました。彼はロボット工学の分野で③多大な貢献をした後、そちらに戻る予定です。

□ **pursue a career** [pərsú:(pəsjú:) ə kəríər]
キャリアを追求する
⌖ pursueは「〜を追求する、追う」という意味の他動詞。
□ pursuit 　名追求、追跡

□ **found a company** [fáund ə kʌ́mpəni]
会社を設立する
⌖ foundは「〜を設立する、創立する」という意味の他動詞。find（見つける）の過去形・
過去分詞foundとの混同に注意。
□ founder 　名創業者、創設者　　□ foundation 　名基礎、土台、財団

□ **make a significant contribution** [méik ə signífikənt kàntrəbjú:ʃən]
多大な貢献をする
⌖ contributionは「貢献、寄与」という意味の名詞。
□ contribute 　自貢献する、一因となる

Boost-Up

□ **assume the position of manager**
[əsú:m(əsjú:m) ðə pəzíʃən əv mǽnidʒər]
マネージャーの職に就任する
⌖ assumeは「〜を引き受ける」という意味の他動詞。ほかに「〜だと想定する」の意味もある。
□ assume responsibility　責任を負う　　□ assumption 　名想定、仮定

□ **fiscal year** [fískəl jíər]
会計年度
⌖ fiscalは「会計の、財政上の」という意味の形容詞で、ほとんどの場合はfiscal yearの
フレーズで使われる。

Score-Up Booster

TOEICには、時々robotics（ロボット工学）やergonomics（人間工学）などの単語が登場す
ることがあるが、専門的な内容は含まれない。

This sewing machine is popular with ①garment manufacturers.
It can be installed ②at minimal cost. It drastically ③lightens the
workload of factory workers.

このミシンは①衣料品メーカーの間で人気があります。②最小のコストで設置することができます。工場作業員の③作業量を劇的に軽くすることができます。

☐ **garment manufacturer** [gɑ́:rmənt mæ̀njufǽktʃərər]
衣料品メーカー
🖉 garmentは「衣料、衣類」という意味の名詞。clothingの同義語。

☐ **at minimal cost** [ət mínəməl kɔ́:st]
最小のコストで
🖉 minimalは「最小の」という意味の形容詞。

☐ **lighten the workload** [láitn ðə wə́:rklòud]
作業量を軽くする
🖉 workloadは「作業量、仕事量」という意味の名詞。lightenは、light（軽い）に接尾辞
-en（～にする）で構成されている他動詞。

Boost-Up

☐ **disassemble a machine** [dìsəsémbl ə məʃí:n]
機械を分解する
🖉 disassembleは、接頭辞dis-（分離）とassemble（組み立てる）で構成され、「～を分解する、ばらばらにする」という意味の他動詞。
☐ assemble a machine　機械を組み立てる

☐ **invest in new technology** [invést ín njú: teknálədʒi]
新しい技術に投資する
🖉 invest in ~ で「～に投資する」の意味。
☐ investment　图投資

Score-Up Booster

工場に機械を導入することに関する話題では、コスト面や機能面などのメリットが述べられ、設問に関連する。また、「どのような効果があるのか」が問われることも多い。

311-312

Doctors at GTE Clinic treat many ①walk-in patients every day. ②Medical treatment is provided at reasonable prices. The doctors ③pay close attention to patients' needs.

お知らせ

GTEクリニックの医師は、毎日多くの①予約なしの患者を治療しています。②治療は適正な価格で行われます。医師たちは患者のニーズに、③細心の注意を払っています。

☐ **walk-in patient** [wɔ́ːk ín péiʃənt]
予約なしの患者
🖉 walk-inは「予約なしの、飛び込みの」という意味の形容詞。

☐ **medical treatment** [médikəl tríːtmənt]
治療
🖉 treatmentは「治療」という意味の名詞。
☐ treat 〔他〕～を治療する、取り扱う

☐ **pay close attention** [péi klóus əténʃən]
細心の注意を払う
🖉 attentionは「注意」という意味の名詞。pay attention to ~ で「～に注意を払う」、draw attention to ~ で「～に注意を引きつける」を意味する。
☐ attentive 〔形〕用心深い

Boost-Up

☐ **prescribe medicine** [priskráib médəsin]
薬を処方する
🖉 prescribeは「～を処方する」という意味の他動詞。
☐ prescription 〔名〕処方箋

☐ **pharmaceutical product** [fɑ̀ːrməsúːtikəl prɑ́dʌkt]
医薬品
🖉 pharmaceuticalは「薬剤の」という意味の形容詞。
☐ pharmacy 〔名〕薬局　　☐ pharmacist 〔名〕薬剤師

Score-Up Booster

病院や歯科に関する内容では、walk-in patientへの言及も多い。また、初診の場合は、問診票に記入する (fill out a form) ために、たとえば15分前の到着を依頼されることもあり、その依頼内容は設問に頻出する。

🔊))
313-314
🇬🇧

案内

> This is the ①waterfront district. There are several ②historic landmarks in the area. Because of this and its ③proximity to the ocean, home prices here are quite high.
>
> ここが①沿岸地区です。この地域には複数の②歴史的建造物があります。このことと③海への近さから、住宅価格はかなり高いです。

☐ **waterfront district** [wɔ́ːtəfrʌnt dístrikt]
沿岸地区
✎ waterfrontは「沿岸、海岸の土地」という意味の名詞。

☐ **historic landmark** [histɔ́ːrik(histɔ́rik) lǽndmɑ̀ːrk]
歴史的建造物
✎ landmarkは「歴史的建造物、史跡」という意味の名詞。
☐ historic district　歴史ある地区

☐ **proximity to the ocean** [prɑksíməti tə ði óuʃən]
海への近さ
✎ proximity to ~ で「~に近いこと」の意味。nearの同義語。
☐ in the proximity of the ocean　海の近くに

Boost-Up

☐ **average yearly cost** [ǽvəridʒ jíərli kɔst]
平均年間コスト
✎ averageは「平均の」という意味の形容詞。名詞「平均」も同じ形。
☐ on average　平均で　　☐ above[below] average　平均以上[以下]で

☐ **withstand strong winds** [wiðstǽnd strɔ́ːŋ wíndz]
強風に耐える
✎ withstandは「~に耐える、~を持ちこたえる」という意味の他動詞。

Score-Up Booster

Part 7の文挿入問題やPart 6の文選択問題では、たとえばBecause of thisのthisが指すものと照らし合わせることで、正解を導くタイプの問題も多い。選択肢や挿入文に代名詞が含まれる場合には、文脈を意識して読むことが大切だ。

315

01 ☐	問題と格闘する s------- w--- a problem	struggle with
02 ☐	連絡先の情報を提供する provide c------ i----------	contact information
03 ☐	作業量を軽くする lighten the w-------	workload
04 ☐	会社を設立する f---- a company	found
05 ☐	資料を配布する d--------- a handout	distribute
06 ☐	庭師にお願いする hire a l---------	landscaper
07 ☐	予測できない出来事 u------------ occurrence	unpredictable
08 ☐	予約なしの患者 w------ patient	walk-in
09 ☐	5人グループ a p---- of five	party
10 ☐	予約を変更する m------ a reservation	modify
11 ☐	薬を処方する p-------- medicine	prescribe
12 ☐	壁にクギを打つ h----- a nail into a wall	hammer
13 ☐	衣料品メーカー g------ manufacturer	garment
14 ☐	指定された場所 d--------- area	designated
15 ☐	沿岸地区 w--------- district	waterfront
16 ☐	広大な土地 v--- land	vast

17 ☐	会議を開く h--- **a meeting**	hold
18 ☐	マネージャーの職に就任する a----- **the position of manager**	assume
19 ☐	立ち入り禁止区域 r--------- **area**	restricted
20 ☐	会えるのを楽しみにしている l--- f------ t- **seeing you**	look forward to
21 ☐	川岸に沿って a---- **the river bank**	along
22 ☐	強風に耐える w-------- **strong winds**	withstand
23 ☐	会計年度 f----- **year**	fiscal
24 ☐	時代遅れの方法 o------- **method**	outdated
25 ☐	新しい技術に投資する i----- i- **new technology**	invest in
26 ☐	医薬品 p------------- **product**	pharmaceutical
27 ☐	最終目的地に到着する r---- **our final destination**	reach
28 ☐	資料を同封する e------ **a document**	enclose
29 ☐	治療 **medical** t--------	treatment
30 ☐	細心の注意を払う p-- **close** a--------	pay attention
31 ☐	キャリアを追求する p----- **a career**	pursue
32 ☐	ねじを緩める l----- **a screw**	loosen
33 ☐	映画を撮る f--- **a movie**	film

34 ☐	歴史的建造物 **historic l-------**	landmark
35 ☐	海への近さ **p-------- t- the ocean**	proximity to
36 ☐	前回の会議の議事録 **m------ from the last meeting**	minutes
37 ☐	機械を分解する **d---------- a machine**	disassemble
38 ☐	作業効率を改善する **improve work e---------**	efficiency
39 ☐	俳優志望者 **a------- actor**	aspiring
40 ☐	枝をきれいに整える **trim b-------**	branches
41 ☐	デビューする **make a d----**	debut
42 ☐	最新の情報 **u--------- information**	up-to-date
43 ☐	はしごを昇る **climb a l-----**	ladder
44 ☐	多大な貢献をする **make a significant c-----------**	contribution
45 ☐	湖に続く **l--- t- the lake**	lead to
46 ☐	重要なポイントを述べる **m------ the main points**	mention
47 ☐	映画に主演する **s--- in a movie**	star
48 ☐	映画評論家 **movie c-----**	critic
49 ☐	平均年間コスト **a------ yearly cost**	average
50 ☐	最小のコストで **at m------ cost**	minimal

TOEIC® L&Rテスト
ボキャブラリーブースター

Unit 16

発言

I would like to take this opportunity to ①praise the employees. They have shown ②extraordinary talent. I'm also impressed by their ③humble attitude.

この場を利用して①社員の皆さんを褒めたいと思います。彼らは②並外れた才能を見せてくれました。その③謙虚な態度にも感銘を受けました。

☐ **praise the employees** [préiz ði emplɔ́ii:z]
社員を褒める
🖋 praiseは「～を褒める」という意味の他動詞。
☐ reward employees 社員に報酬を与える

☐ **extraordinary talent** [ikstrɔ́:rdənèri tǽlənt]
並外れた才能
🖋 extraordinaryは接頭辞extra-(～以上の)とordinary(普通の)で構成され、「並外れた、異常な」という意味の形容詞。
☐ ordinary people 一般人

☐ **humble attitude** [hʌ́mbl ǽtitjù:d]
謙虚な態度
🖋 humbleは「謙虚な」という意味の形容詞。反意語はarrogant(高慢な)。

Boost-Up

☐ **put emphasis on the idea** [pút émfəsis án ði aidíə]
アイデアを強調する
🖋 emphasis on ~ で「～の強調、力説」の意味。
☐ emphasize on ~　～を強調する

☐ **close the deal** [klóus ðə dí:l]
商談を成立させる
🖋 dealは「商談、契約」という意味の名詞。商談を行う業者をdealer(販売業者)と呼ぶ。

Score-Up Booster

I would like to take this opportunity to ... は、かしこまった場面で何かを伝える際によく使われる慣用表現。ほかにもI would like to take this opportunity to thank you for your support. (この場を借りて皆さんのご支援に感謝したいと思います) などがある。

紹介

Famously, Dr. Hidenori Yakamoto is a ①faculty member of the DeMuro Institute of Technology. It is a ②nationally recognized institution. Many students who ③graduate from the college go on to work for major corporations.

周知のとおり、ヤカモト・ヒデノリ博士はデムーロ工科大学の①教職員です。同校は②全国的に知られている機関です。③同大学を卒業する学生の多くが、主要企業に就職します。

□ **faculty member** [fǽkəlti mémbər]
教職員
✑ facultyは「教員陣、教授陣」を集合的に表す名詞。

□ **nationally recognized institution** [nǽʃənəli rékəgnaizd ìnstətjúːʃən]
全国的に知られている機関
✑ institutionは「機関、団体」という意味の名詞。
□ educational institution 教育機関

□ **graduate from college** [grǽdʒuèit frʌ́m kɑ́lidʒ]
大学を卒業する
✑ graduate from ~ で「~を卒業する」の意味。
□ graduation 图卒業　□ graduate 图卒業生

Boost-Up

□ **receive financial aid** [risíːv finǽnʃəl(fainaénʃəl) éid]
財政援助を受ける
✑ financialは「財政上の、財務の」という意味の形容詞。**教育機関でもらう財政援助、scholarship (奨学金) もTOEICに登場する。**
□ finance 图財務　□ finance 他~に融資する、~に出資する

□ **for academic purposes** [fɔ́ːr ækədémik pə́ːrpəsiz]
学術的な目的のために
✑ purposeは「目的、意図」という意味の名詞。
□ purposeful 形目的がある、意図的な

Score-Up Booster

Many students who graduate from the collegeは、Many studentsについて「どんな学生か」の説明がwho graduate from the collegeで追加されている。読むスピードを速めるには、関係代名詞を含む文を文頭からスムーズに読み取ることが大切。

会話

W: Do you want anything from the ①grocery store?
M: Could you ②drop by the bakery and get some bread?
W: We have some ③freshly baked bread in the kitchen.

女性：①食料品店で何か買ってきてほしいものある？
男性：②パン屋に立ち寄ってパンを買ってきてもらえる？
女性：③焼きたてのパンが台所にあるよ。

☐ **grocery store** [gróusəri stɔ́ːr]
食料品店
🖊 groceryは「食料品、雑貨品」という意味の名詞。

☐ **drop by a bakery** [dráp bái ə béikəri]
パン屋に立ち寄る
🖊 drop by ~ で「~に立ち寄る」の意味。stop by ~ も同じ意味。

☐ **freshly baked bread** [fréʃli béikt bréd]
焼きたてのパン
🖊 freshly「新たに、新鮮に」という意味の副詞。

Boost-Up

☐ **go upstairs** [góu ʌ́pstéərz]
上の階へ行く
🖊 upstairsは「上の階へ」を意味する副詞。go downstairsで「下の階へ行く」。
☐ go up the stairs　階段を上る　　☐ go down the stairs　階段を下りる

☐ **at the cashier** [ət ðə kæʃíər]
レジで
🖊 cashierは「レジ、レジ係」という意味の名詞。

Score-Up Booster

Part 3において、What does the man ask the woman to do?（男性は女性に何をするよう依頼していますか）は頻出する。会話の中の依頼表現として、Could you ...?のほか、Can you ...?（…してもらえますか）やPlease ...（…してください）などがよくヒントになる。

M: Are you going to the ①upcoming marketing conference?

W: I've ②received an invitation to speak.

M: Oh! I suppose you'll be ③covering a wide variety of topics.

会話

男性：①今度のマーケティングカンファレンスに行くのですか？
女性：講演者として②招待を受け取りました。
男性：ああ！③幅広いトピックをカバーするのでしょうね。

☐ **upcoming conference** [ʌ́pkʌ̀miŋ kánfərəns]
今度のカンファレンス
🖉 upcomingは「今度の、間近に迫った」という意味の形容詞。同義語にforthcomingがある。

☐ **receive an invitation** [risíːv ən ìnvətéiʃən]
招待を受け取る
🖉 invitationは「招待、招待状」という意味の名詞。
☐ invite 他~を招待する

☐ **cover a wide variety of topics** [kʌ́vər ə wáid vəráieti əv táːpiks]
幅広いトピックをカバーする
🖉 coverは「~をカバーする、~に及ぶ」という意味の他動詞。
☐ coverage 名範囲

Boost-Up

☐ **administration office** [ədmìnəstréiʃən ɔ́ːfis]
事務局
🖉 administrationは「運営、管理」という意味の名詞。
☐ administrative 形運営の、管理の　☐ administer 他~を管理する、施行する

☐ **enter the auditorium** [éntər ði ɔ̀ːditɔ́ːriəm]
講堂に入る
🖉 auditoriumは「講堂」という意味の名詞。

Score-Up Booster

upcoming eventやupcoming merger（来る合併）のように、upcomingという語が使われている場合は未来のことだと判断できる。Part 5やPart 6において、文にupcomingが使われていることをヒントに、willを含む動詞を選ぶ時制問題も出題される。

> The product is ①not working properly. We cannot hold the launch until we ②resolve the issue. Therefore, I believe we should ③postpone the event until next month.
>
> Eメール
>
> 製品が①適切に動かないのです。②課題を解決するまで発売できません。したがって、③イベントを来月に延期した方がいいと思います。

☐ **not work properly** [nát wə́:rk prápərli]
適切に動かない
🖉 properlyは「適切に、きちんと」という意味の副詞。
☐ proper 形適切な

☐ **resolve an issue** [rizálv ən íʃu:]
課題を解決する
🖉 resolveは「～を解決する」という意味の他動詞。solveの同義語。
☐ resolution 名解決、決議

☐ **postpone an event until next month**
[poustpóun ən ivént əntíl nékst mʌ́nθ]
イベントを来月に延期する
🖉 postponeは「～を延期する」という意味の他動詞。
☐ put off a meeting until next week　会議を来週に延期する

Boost-Up

☐ **pertain to the problem** [pərtéin tú: ðə prabləm]
問題に関連する
🖉 pertainは「関連する」という意味の自動詞で、pertain to ~「～に関連する」で使われる。前置詞about（～について）やregarding（～に関して）と似た意味。

☐ **recover a loss** [rikʌ́vər ə lɔ́:s]
損失を埋め合わせる
🖉 lossは「損失、減少」という意味の名詞。
☐ recovery 名回復

Score-Up Booster

until（～までずっと）とby（～までに）は混乱しやすい。untilは「継続」であり、We cannot hold the launch until we resolve the issue.とは「解決するまでずっとできない」となる。byは「締切」であり、I'll submit the report by 5:00.（5時までに提出する）のようになる。

メモ

Mr. Townsend is ①striving to improve productivity. As a result, he is ②addressing a controversial issue in the office. To ③remove distractions, he has restricted mobile phone use.

タウンゼンドさんは生産性①改善のための努力をしています。その結果、オフィスで②物議を醸す問題に取り組んでいます。③気が散るものを取り除くために、携帯電話の使用を制限しています。

☐ **strive to improve** [stráiv tə imprúːv]
改善のための努力をする
🖊 strive to ~ で「～しようと努力する」の意味。try to ~ やattempt to ~ の同義語。

☐ **address a controversial issue** [ədrés ə kàntrəvɔ́ːrʃəl íʃuː]
物議を醸す問題に取り組む
🖊 controversialは「物議を醸す、議論の余地のある」という意味の形容詞。
☐ controversy 名議論

☐ **remove a distraction** [rimúːv ə distrǽkʃən]
気が散るものを取り除く
🖊 distractionは「気が散るもの」という意味の名詞。
☐ distract 他～の気を散らす　☐ removal 名除去、撤去

Boost-Up

☐ **combine two ideas into one** [kəmbáin túː aidíəz ìntə wʌ́n]
2つのアイデアを1つに組み合わせる
🖊 combineは「～を組み合わせる、結び付ける」という意味の他動詞。
☐ combination 名組み合わせ

☐ **consolidate two teams into one** [kənsálədèit túː tíːmz ìntə wʌ́n]
2つのチームを1つに統合する
🖊 consolidateは「～を統合する」という意味の他動詞。
☐ consolidation 名統合、合併

Score-Up Booster

To remove distractions, he has restricted mobile phone use.のTo ~（～のために）は、目的を伝える際に頻繁に使われる。目的の後に、その目的を実現するための行動が続くため、情報の順番に慣れるとスムーズな理解が可能となる。

W: It's lovely to see everyone dressed in ①formal attire.
M: Yes, and it's an honor to be standing here ②behind the podium.

会話

W: I agree. Can we ③have a round of applause for tonight's organizers?

女性：皆さんの①フォーマルな服装が素敵ですね。
男性：そうですね、そしてこうして②演台の後ろに立つことができて、光栄です。
女性：おっしゃるとおりです。今夜の主催者に③拍手をしていただけますか？

□ **formal attire** [fɔ́:rməl ətáiər]
フォーマルな服装
🖊 attireは「服装、衣装」という意味の名詞。同義語にclothing、outfit、apparelがある。
□ casual attire　カジュアルな服装

□ **behind the podium** [biháind ðə póudiəm]
演台の後ろで
🖊 podiumは「演台、表彰台」という意味の名詞。

□ **have a round of applause** [hǽv ə ráund əv əplɔ́:z]
拍手をする
🖊 applauseは「拍手、称賛」という意味の名詞。
□ applaud　自 拍手する

Boost-Up

□ **be dressed neatly** [bí: drést ní:tli]
きちんとした服装をする
🖊 neatlyは「きちんと、こざっぱりと」という意味の副詞。
□ neat　形 きちんとした、整った

□ **warm atmosphere** [wɔ́:rm ǽtməsfiər]
あたたかい雰囲気
🖊 atmosphereは「雰囲気」という意味の名詞。

Score-Up Booster

It's lovely to ...やIt's an honor to ...のように前置きとして使われる表現は多い。ほかに、I'm delighted to ... (喜んで…する) やI'm honored to ... (…できて光栄である) などもあり、いずれもポジティブな内容が続く。

会話

M: I see your new business is ①up and running.

W: Yes, we'll be ②outperforming other companies very soon.

M: You must have ③spent a large amount of money on advertising.

男性：御社の新規事業はうまく①稼働しているようですね。
女性：そうですね、直に②他社をしのぐまでになりますよ。
男性：広告に③大金を投じたのでしょうね。

☐ **up and running** [ʌ́p ənd rʌ́nɪŋ]
稼働して

🖉 TOEICでは機械やシステムに対してよく使われ、fully operational（フル稼働中で）や functioning（機能している）と同じ意味。

☐ **outperform other companies** [àutpəfɔ́:m ʌ́ðər kʌ́mpəniz]
他社をしのぐ

🖉 outperformは「～をしのぐ、～より優れている」という意味の他動詞。接頭辞out-（より優れて）とperform（実行する）で構成されている。

☐ underperform 他～に及ばない

☐ **spend a large amount of money** [spénd ə lá:rdʒ əmáunt əv mʌ́ni]
大金を投じる

🖉 a large amount of ~ で「多額の～、多量の～」の意味。不可算名詞（特にmoney、informationなど）に対して使われる。

Boost-Up

☐ **turn around a bad situation** [tə́:rn əráund ə bǽd sìtʃuéiʃən]
悪い状況を好転させる

🖉 turn around ~ で「～を好転させる」の意味。

☐ **reflect changes** [riflékt tʃéindʒiz]
変化を反映する

🖉 reflectは「～を反映する、映す」という意味の他動詞。

Score-Up Booster

You must have spent a large amount of money on advertising. の must have spentは「助動詞（must）＋現在完了形（have spent）」で構成されている。mustは「～に違いない」を意味し、現在完了形を続けると「～したに違いない」という意味になる。

The International Fishing Conference ①draws worldwide attention. The conference center ②is always filled to capacity. As a result, ③early registration is absolutely necessary.

ウェブサイト

国際フィッシング会議は①世界中の注目を集めます。カンファレンスセンターは常に②満員となります。その結果、③早期登録が必須になります。

☐ **draw worldwide attention** [dró: wə́:rldwáid əténʃən]

世界中の注目を集める

　⟡ drawは「〜を集める、引き付ける」という意味の他動詞。線や絵などを「描く」や、トランプなどのカードを「引く」の意味もある。

　☐ draw a line　線を描く　　☐ draw a card　カードを1枚引く

☐ **be filled to capacity** [bí: fíld tə kəpǽsəti]

満員となる

　⟡ capacityは「収容能力、生産能力」という意味の名詞。filledは「満杯の、定員いっぱいの」という意味の形容詞。

　☐ fill　他〜を満たす　　☐ full　形いっぱいの

☐ **early registration** [ə́:rli rèdʒistréiʃən]

早期登録

　⟡ registrationは「登録、記録」という意味の名詞。

　☐ register　自登録する　　☐ register for ~　〜に登録する

Boost-Up

☐ **waive the fee** [wéiv ðə fí:]

手数料を免除する

　⟡ waiveは「〜を免除する、撤回する」という意味の他動詞。

☐ **invalid ticket** [invǽlid tíkit]

無効なチケット

　⟡ invalidは「無効な、効力のない」という意味の形容詞。接頭辞in- (=not) とvalid（有効な）で構成されている。反意語はvalid（有効な）。

Score-Up Booster

As a result（結果として）やTherefore（それゆえ）は、直前で提示された内容との「因果関係」を伝える際に使われる。内容の展開を示す語をヒントにすれば、英文の中に知らない単語がある場合にも推測しやすくなる。

会議の発言

We need to ①clean up this mess. It's too easy to ②misplace files using our current system. Let's find a safer way to ③store documents.

①散らかっているものを片付けないといけません。現行システムを使用し続ける限り、容易に②ファイルを置き忘れてしまいます。より安全に③資料を保管する方法を探しましょう。

☐ **clean up a mess** [klíːn ʌp ə més]
散らかっているものを片付ける
　✐ messは「散らかっているもの、汚らしさ」という意味の名詞。
　☐ messy　形散らかっている

☐ **misplace a file** [mispléis ə fáil]
ファイルを置き忘れる
　✐ misplaceは「~を置き忘れる、置き間違える」という意味の他動詞。lose (~をなくす) の同義語。

☐ **store a document** [stɔ́ːr ə dákjumənt]
資料を保管する
　✐ storeは「~を保管する、しまい込む」という意味の他動詞。
　☐ storage　名保管

Boost-Up

☐ **open the top drawer** [óupən ðə táp drɔ́ːr]
一番上の引き出しを開ける
　✐ drawerは「引き出し」という意味の名詞。複数形drawersで「たんす」を表す。

☐ **attach a file** [ətǽtʃ ə fáil]
ファイルを添付する
　✐ attachは「~を添付する、貼り付ける」という意味の他動詞。
　☐ attachment　名添付ファイル、貼り付け

Score-Up Booster

Part 4の概要の理解を問う設問にWhat is the talk mainly about? (トークは主に何についてですか) がある。選択肢では要約されがち、Improving file management (ファイル管理を改善すること) のように概要が正解となることもある。

01 ☐	世界中の注目を集める d--- **worldwide attention**	draw
02 ☐	悪い状況を好転させる t--- a----- **a bad situation**	turn around
03 ☐	改善のための努力をする s----- t- **improve**	strive to
04 ☐	事務局 a------------- **office**	administration
05 ☐	拍手をする **have a round of** a-------	applause
06 ☐	問題に関連する p------ t- **the problem**	pertain to
07 ☐	資料を保管する s---- **a document**	store
08 ☐	フォーマルな服装 **formal** a-----	attire
09 ☐	課題を解決する r------ **an issue**	resolve
10 ☐	食料品店 g------ **store**	grocery
11 ☐	全国的に知られている機関 **nationally recognized** i----------	institution
12 ☐	今度のカンファレンス u------- **conference**	upcoming
13 ☐	学術的な目的のために **for academic** p-------	purposes
14 ☐	並外れた才能 e------------ **talent**	extraordinary
15 ☐	大金を投じる **spend** - l---- a----- o- **money**	a large amount of
16 ☐	社員を褒める p----- **the employees**	praise

17 ☐	気が散るものを取り除く **remove a d----------**	distraction
18 ☐	適切に動かない **not work p-------**	properly
19 ☐	変化を反映する **r------ changes**	reflect
20 ☐	損失を埋め合わせる **recover a l---**	loss
21 ☐	焼きたてのパン **f------ baked bread**	freshly
22 ☐	早期登録 **early r-----------**	registration
23 ☐	教職員 **f------ member**	faculty
24 ☐	招待を受け取る **receive an i---------**	invitation
25 ☐	物議を醸す問題に取り組む **address a c------------ issue**	controversial
26 ☐	ファイルを添付する **a----- a file**	attach
27 ☐	財政援助を受ける **receive f-------- aid**	financial
28 ☐	パン屋に立ち寄る **d--- b- a bakery**	drop by
29 ☐	稼働して **u- a-- r------**	up and running
30 ☐	演台の後ろで **behind the p-----**	podium
31 ☐	講堂に入る **enter the a---------**	auditorium
32 ☐	無効なチケット **i------ ticket**	invalid
33 ☐	満員となる **be filled to c-------**	capacity

34 ☐	上の階へ行く **go u-------**	**upstairs**
35 ☐	他社をしのぐ **o--------- other companies**	**outperform**
36 ☐	レジで **at the c------**	**cashier**
37 ☐	2つのアイデアを1つに組み合わせる **c------ two ideas into one**	**combine**
38 ☐	大学を卒業する **g------- f--- college**	**graduate from**
39 ☐	あたたかい雰囲気 **warm a---------**	**atmosphere**
40 ☐	散らかっているものを片付ける **clean up a m---**	**mess**
41 ☐	一番上の引き出しを開ける **open the top d-----**	**drawer**
42 ☐	2つのチームを1つに統合する **c---------- two teams into one**	**consolidate**
43 ☐	ファイルを置き忘れる **m------- a file**	**misplace**
44 ☐	商談を成立させる **close the d---**	**deal**
45 ☐	きちんとした服装をする **be dressed n-----**	**neatly**
46 ☐	手数料を免除する **w---- the fee**	**waive**
47 ☐	アイデアを強調する **put e------- o- the idea**	**emphasis on**
48 ☐	イベントを来月に延期する **p------- an event until next month**	**postpone**
49 ☐	幅広いトピックをカバーする **c---- a wide variety of topics**	**cover**
50 ☐	謙虚な態度 **h----- attitude**	**humble**

TOEIC® L&Rテスト
ボキャブラリーブースター

Unit 17

発言

I need to ①<u>open a new bank account</u>. I'll transfer my ②<u>remaining balance</u> from the old one. I hope it won't take long to ③<u>activate</u> my new card.

新しい①銀行口座を開く必要があります。古い口座から②残高を移します。新しい③カードを有効にするのにあまり時間がかからないといいのですが。

☐ **open a bank account** [óupən ə bǽŋk əkáunt]
銀行口座を開く
🖊 accountは「口座」という意味の名詞。

☐ **remaining balance** [riméiniŋ bǽləns]
残高
🖊 remainingは「残りの、残っている」という意味の形容詞。
☐ remain 🗎～のままである

☐ **activate a card** [ǽktəvèit ə káːrd]
カードを有効にする
🖊 activateは「～を有効にする」という意味の他動詞。
☐ active 🗎有効な　☐ activation 🗎有効化

Boost-Up

☐ **transfer money securely** [trænsféːr mʌ́ni sikjúərli]
安全に送金する
🖊 transferは「～を移す、移動させる」という意味の他動詞。

☐ **be precisely calculated** [bí: prisáisli kǽlkjulèitid]
正確に計算される
🖊 preciselyは「正確に」という意味の副詞。
☐ calculation 🗎計算　☐ calculator 🗎計算機、電卓

Score-Up Booster

I'll transfer my remaining balance from the old one.のoneはaccountのこと。英語は名詞の繰り返しの使用を避ける傾向がある。複数形の場合は、My shoes are getting old, so I got new ones.（靴が古くなったので、新しいのを買った）のようにonesとなる。

W: Can you give me a hand ①loading these boxes into the truck?

会話

M: Shall I load this ②wooden furniture, too?

W: Yes, but not that ③ergonomic chair.

女性：①トラックに箱を積むのを手伝ってもらえますか？
男性：この②木製の家具も積みましょうか？
女性：お願いします、でもその③人間工学に基づくイスはそのままでお願いします。

☐ **load boxes into a truck** [lóud bɑːksiz íntu ə trʌ́k]
トラックに箱を積む
🖉 loadは「～を積む、積み込む」という意味の他動詞。反意語は接頭辞un-（～と逆）をつけて、unload boxes from a truck「トラックから箱を降ろす」となる。

☐ **wooden furniture** [wúdn fə́ːrnitʃər]
木製の家具
🖉 woodenは「木製の、木でできた」という意味の形容詞。
☐ lumber 名木材　☐ timber 名木材

☐ **ergonomic chair** [èːrgənámik tʃéər]
人間工学に基づくイス
🖉 ergonomicは「人間工学の」という意味の形容詞。
☐ armchair 名ひじ掛けイス

Boost-Up

☐ **fragile material** [frǽdʒəl(fraédʒail) mətíəriəl]
壊れやすい素材
🖉 fragileは「壊れやすい、もろい」という意味の形容詞。

☐ **refer to the tutorial** [rifə́ːr tə ðə tjuːtɔ́ːriəl]
マニュアルを参照する
🖉 tutorialは「マニュアル、指導書」という意味の名詞。manualの同義語。
☐ tutor 名家庭教師、個人指導

Score-Up Booster

Part 7において本文と選択肢の間での言い換えには様々ある。たとえば、本文でfragile materialというフレーズがある場合、選択肢でAn item is easy to break.（商品は壊れやすい）というセンテンスになるケースもある。

> Doctors say a ①large proportion of the population is unhealthy.
> Many people ②consume too much salt. Furthermore, they do
> not think enough about ③proper nutrition.
>
> 記事
>
> 医師たちは、人口の①大部分が不健康だと言います。多くの人が②塩分を摂取しすぎるの
> です。さらに、③適切な栄養についてちゃんと考えていません。

☐ **large proportion** [láːrdʒ prəpɔ́ːrʃən]
大部分
　🖉 proportionは「部分、割合」という意味の名詞。このフレーズはmajority「大部分」と
　言い換えることもできる。

☐ **consume too much salt** [kənsúːm túː mʌ́tʃ sɔ́ːlt]
塩分を摂取しすぎる
　🖉 consumeは「～を摂取する、消費する」という意味の他動詞。have too much salt
　と言い換えることもできる。
　☐ consumption 名消費　　☐ consumer 名消費者

☐ **proper nutrition** [prɑ́pər njuːtríʃən]
適切な栄養
　🖉 properは「適切な」という意味の形容詞。反意語は、接頭辞im-(～ではない)をつけて
　improper(不適切な)という。

Boost-Up

☐ **prepare for a meal** [pripéər fɔ́ːr ə míːl]
食事の準備をする
　🖉 prepare for ~ で「～に準備する、～に備える」の意味。
　☐ preparation 名準備

☐ **dietary restriction** [dáiətèri ristríkʃən]
食事の制限
　🖉 restrictionは「制限、制約」という意味の名詞。
　☐ diet 名食事

Score-Up Booster

Furthermoreは追加情報を提供する際に使われる。同様の語句に、Additionally(さらに)、
In addition(さらに)、Besides(さらに)、Moreover(さらに)、Also(また)などもあり、話
の展開を追うヒントになる。

お知らせ

Channel Seven ①broadcasts a program every evening. It publicizes the program ②by means of the Internet. The producers usually ③post a photo on social media.

チャンネルセブンは毎晩①番組を放送しています。②インターネットによって番組を宣伝しています。プロデューサーたちは大抵③ソーシャルメディアに写真を投稿します。

□ **broadcast a program** [brɔ́ːdkæst(brɔ́ːdkɑ̀ːst) ə próugræm]
番組を放送する

🖋 broadcastは「～を放送する」という意味の他動詞。名詞では「放送、番組」を意味する。
□ news broadcast　ニュース放送

□ **by means of the Internet** [bái míːnz əv ði íntərnet]
インターネットによって

🖋 meansは「手段、方法」という意味の名詞。by means of ～で「～によって、～を用いて」の意味。by（～によって）で置き換えられることも多い。

□ **post a photo on social media** [póust ə fóutou án sóuʃəl míːdiə]
ソーシャルメディアに写真を投稿する

🖋 mediaは「メディア、報道機関」という意味の名詞。printed mediaといえば、紙媒体の新聞や雑誌、パンフレットなどを意味する。

Boost-Up

□ **nationwide broadcast** [néiʃənwàid brɔdkæst(brɔ́ːdkɑ̀ːst)]
全国放送

🖋 nationwideは「全国的な、全国にわたる」という意味の形容詞。同義語にcountrywideがある。
□ countrywide network　全国にわたるネットワーク

□ **give a brief introduction** [gív ə bríːf ìntrədʌ́kʃən]
簡単な紹介をする

🖋 briefは「簡単な、短時間の」という意味の形容詞。他動詞briefで「～に手短に説明する」を意味する。
□ brief our team members　チームメンバーに手短に説明する

Score-Up Booster

everyは、every eveningやevery day（毎日）のほか、every three weeks（3週間ごとに）やevery other week（隔週で）という使い方もある。

345-346

記事

Ms. Paulson is a ①highly accomplished professional. She leads
a very ②productive team of engineers. Clients are usually
③impressed with the service they provide.

ポールソンさんは①偉業を成し遂げた専門家です。彼女は非常に②生産性の高いエンジニ
アのチームを率いています。顧客は大抵このチームが提供する③サービスに感銘を受けます。

☐ **highly accomplished professional** [háili əkámpliʃt prəféʃənl]
偉業を成し遂げた専門家
　他動詞accomplish「成し遂げる」を形容詞化したaccomplishedは「成し遂げた」と
　いう意味。professionalは名詞で「専門家」。

☐ **productive team** [prədʌ́ktiv tíːm]
生産性の高いチーム
　productiveは「生産性の高い、生産力のある」という意味の形容詞。
　☐ productivity 名生産性　☐ productively 副生産的に

☐ **be impressed with the service** [bíː imprést wíð ðə sə́ːrvis]
サービスに感銘を受ける
　be impressed with ～ で「～に感銘を受ける、感動する」の意味。
　☐ impression 名印象、感銘　☐ impress 他～に感銘を与える、～を感動させる

Boost-Up

☐ **mutual trust** [mjúːtʃuəl trʌ́st]
相互の信頼関係
　mutualは「相互の、互いの」という意味の形容詞。
　☐ mutuality 名相互関係

☐ **head a team** [héd ə tíːm]
チームを率いる
　headは「～を率いる」という意味の他動詞。
　☐ lead a team　チームを率いる

Score-Up Booster

highlyはvery（とても）やgreatly（非常に）の同義語であり、be highly recommended
（強く勧められる）、highly effective（非常に効果的な）、highly motivated（非常に意欲的
な）など幅広く使われる。フレーズで頭に入れておくことで、Part 5の語彙問題対策にもなる。

> Teledan ①generates revenue by publishing industry journals.
> The company's ②long-term goal is to create online videos as
> well. It is offering ③incentive bonuses to employees who
> contribute useful ideas.

パンフレット

> テレダンは業界紙を発行することで①収益を生み出しています。同社の②長期目標は、オンラインビデオも制作することです。役に立つアイデアを提案する社員には、③特別ボーナスを出しています。

□ **generate revenue** [dʒénərèit révənjùː]
収益を生み出す

⚫ generateは「～を生み出す、発生させる」という意味の他動詞。

□ generation 图発生、生成、世代　　□ generate electricity 電気を発生させる

□ **long-term goal** [lɔ́ːŋ təːrm góul]
長期目標

⚫ long-termは「長期の、長期的な」という意味の形容詞。反意語はshort-term（短期の、短期的な）。

□ **incentive bonus** [inséntiv bóunəs]
特別ボーナス

⚫ incentive「やる気を起こさせる、鼓舞する」という意味の形容詞。同じ形で名詞「刺激、駆り立てるもの」の意味もある。

Boost-Up

□ **corporate principle** [kɔ́ːrpərət prínsəpl]
会社の方針

⚫ principleは「方針、原則」という意味の名詞。ruleやpolicyの同義語。

□ **overtime wage** [óuvərtàim wéidʒ]
残業手当

⚫ wageは「賃金、給料」という意味の名詞。

□ work overtime　残業する

Score-Up Booster

as well（さらに、同様に）は情報を追加する役割がある。また、You can purchase items at a store as well as online.（店だけでなくオンラインでも商品を買うことができる）のように、as well asとして使われ、この場合はandと同じ意味である。

> Fewer people have been ①subscribing to *Craftsperson Magazine*. The articles are said to contain ②inaccurate information. Readers also complained about the ③confusing descriptions of important techniques.

メモ

①クラフツパーソン誌を購読する人が減っています。記事に②不正確な情報が含まれているとのことです。読者は、重要なテクニックについて③混乱する描写があることにも不満を述べています。

□ **subscribe to a magazine** [səbskráib tə ə mǽgəzíːn]
雑誌を購読する
🖋 subscribe to ~ で「～を定期購読する」の意味。
□ subscription 名定期購読

□ **inaccurate information** [inǽkjurət ìnfərméiʃən]
不正確な情報
🖋 inaccurateは、接頭辞in-(～でない)とaccurate(正確な)で構成される「不正確な」という意味の形容詞。
□ inaccuracy 名不正確さ

□ **confusing description** [kənfjúːziŋ diskrípʃən]
混乱させる描写
🖋 confusingは「混乱させる、分かりにくい」という意味の形容詞。
□ confuse 他～を混乱させる　□ confusion 名混乱

Boost-Up

□ **proofread an article** [prúːfrìːd ən ɑ́ːrtikl]
記事を校正する
🖋 proofreadは「～を校正する」という意味の他動詞。
□ proofreader 名校正者

□ **technical term** [téknikəl tə́ːrm]
専門用語
🖋 termは「用語」という意味の名詞。ほかにも「条件」や「期間」、「学期」の意味もある。

Score-Up Booster

TOEICには、苦情に関する内容も多く登場する。苦情を伝えるメールの場合、典型的な流れは、「何を購入したのか」を伝えたうえで、「何が問題なのか」についての描写へと展開する。

会話

M: We need to find someone who can ①supply raw materials for construction.

W: Savage Warehouse is the ②leading supplier.

M: OK, but please ensure there's a ③seamless transition from our previous supplier.

男性：建築用の①原材料を供給できる業者を探さなくてはいけません。
女性：サベッジ・ウェアハウスが②大手の供給業者ですね。
男性：わかりました、でも必ず前の供給業者から③滑らかな移行となるようにしてください。

☐ **supply raw materials** [səplái rɔ́: mətíriəlz]
原材料を供給する
⌒ rawは「加工していない、生の」という意味の形容詞。
☐ supply 他〜を供給する 名供給

☐ **leading supplier** [líːdiŋ səpláiər]
大手の供給業者
⌒ leadingは「業界をリードする」という意味で「大手の」という形容詞。supplierは「供給業者」という意味の名詞。

☐ **seamless transition** [síːmlis trænzíʃən]
滑らかな移行
⌒ seamlessは「滑らかな、途切れない」という意味の形容詞。名詞seam（縫い目、継ぎ目）と接尾辞less（〜がない）で構成される単語。

Boost-Up

☐ **look for a new vendor** [lúk fɔːr ə njúː véndər]
新たな業者を探す
⌒ vendorは「販売業者」という意味の名詞。動詞vendには「〜を販売する」という意味があり、vending machine（自動販売機）のようにも使われる。

☐ **develop a prototype** [divélǝp ə próutǝtàip]
試作品を開発する
⌒ prototypeは「試作品」という意味の名詞。接頭辞proto-には「最初の」の意味がある。

Score-Up Booster

供給業者など、業者の変更を検討する話題は多い。変更を検討する理由として、価格の上昇や質の低下などがあるため、正確に聞き取る・読み取ることが求められる。

353-354

The customer service department is ①under lots of pressure.
They are ②dealing with complaints from clients. Apparently,
some clients' accounts ③were temporarily suspended for no
good reason.

メモ

顧客サービス部が大変な①プレッシャーをかけられています。顧客からの②苦情に対処して
いるのです。どうやらいくつかの顧客のアカウントが、これといった理由もなく③一時的に
停止されていたようです。

□ **under pressure** [ʌ́ndər préʃər]
プレッシャーをかけられて
🖉 pressureは「プレッシャー、圧力」という意味の名詞。

□ **deal with a complaint** [díːl wíð ə kəmpléint]
苦情に対処する
🖉 deal with ~ で「~に対処する、~を処理する」の意味。同義語にcope with ~ や他動
詞handleがある。

□ **be temporarily suspended** [bíː tèmpərérəli səspéndid]
一時的に停止されている
🖉 suspendedは「停止した」という意味の形容詞。
□ suspension 　图停止

Boost-Up

□ **contain ample evidence** [kəntéin ǽmpl évidens]
豊富な証拠を含む
🖉 ampleは「十分な、豊富な」という意味の形容詞。同義語にplentyやabundantがある。
□ abundant rainfall　十分な雨

□ **ease anxiety** [íːz æŋzáiəti]
不安を和らげる
🖉 easeは「~を和らげる」という意味の他動詞。同義語にrelieveやalleviateがある。
□ easy 　形ゆったりした、簡単な　　□ easiness 　图気楽さ、容易さ

Score-Up Booster

Apparently（どうやら~らしい）のように、文頭に置かれる副詞は、文全体を修飾している。ほ
かに、Generally（一般的に）、Consequently（その結果）、Accordingly（それに応じて、
したがって）、Similarly（同様に）なども重要。

会話

W: We need someone to ①repair the sink.

M: I'll ②call a plumber now.

W: Can you also check our ③insurance coverage?

女性：①流しを修理する人を手配しないと。
男性：すぐに②配管工に電話するよ。
女性：③保険の補償範囲も確認してくれる？

□ **repair the sink** [ripéər ðə síŋk]
流しを修理する
🖉 repairは「〜を修理する、修繕する」という意味の他動詞。

□ **call a plumber** [kɔ́ːl ə plʌ́mər]
配管工に電話する
🖉 plumberは「配管工」という意味の名詞。bは発音しないので注意。
□ plumbing 名配管工事

□ **insurance coverage** [inʃúərəns kʌ́vəridʒ]
保険の補償範囲
🖉 insuranceは「保険」という意味の名詞。
□ insure 他〜に保険をかける

Boost-Up

□ **utility company** [juːtíləti kʌ́mpəni]
（ガス・水道・電気などの）公益事業会社
🖉 utilityは「公共事業、公共施設」という意味の名詞。

□ **water leakage** [wɔ́ːtər líːkidʒ]
水漏れ
🖉 leakageは「漏れ」という意味の名詞。
□ leak 自(液体・情報などが) 漏れる

Score-Up Booster

sinkに関連する語として、drain (排水する) やdrainage (排水)、faucet (蛇口) などもTOEIC に登場する。

01 ☐	混乱させる描写 c-------- description	confusing
02 ☐	全国放送 n--------- broadcast	nationwide
03 ☐	大部分 large p---------	proportion
04 ☐	一時的に停止されている be temporarily s--------	suspended
05 ☐	木製の家具 w----- furniture	wooden
06 ☐	生産性の高いチーム p---------- team	productive
07 ☐	壊れやすい素材 f------ material	fragile
08 ☐	簡単な紹介をする give a b---- introduction	brief
09 ☐	偉業を成し遂げた専門家 highly a----------- professional	accomplished
10 ☐	記事を校正する p-------- an article	proofread
11 ☐	水漏れ water l------	leakage
12 ☐	流しを修理する r----- the sink	repair
13 ☐	カードを有効にする a------- a card	activate
14 ☐	残業手当 overtime w---	wage
15 ☐	トラックに箱を積む l--- boxes into a truck	load
16 ☐	正確に計算される be p-------- calculated	precisely

17 ☐	番組を放送する b-------- a program	broadcast
18 ☐	食事の準備をする p------ f-- a meal	prepare for
19 ☐	雑誌を購読する s-------- t- a magazine	subscribe to
20 ☐	プレッシャーをかけられて under p-------	pressure
21 ☐	銀行口座を開く open a bank a------	account
22 ☐	残高 r-------- balance	remaining
23 ☐	専門用語 technical t---	term
24 ☐	相互の信頼関係 m----- trust	mutual
25 ☐	サービスに感銘を受ける b- i-------- w--- the service	be impressed with
26 ☐	長期目標 l-------- goal	long-term
27 ☐	塩分を摂取しすぎる c------ too much salt	consume
28 ☐	安全に送金する t------- money securely	transfer
29 ☐	チームを率いる h--- a team	head
30 ☐	会社の方針 corporate p--------	principle
31 ☐	不安を和らげる e--- anxiety	ease
32 ☐	ソーシャルメディアに写真を投稿する post a photo on social m----	media
33 ☐	特別ボーナス i-------- bonus	incentive

34 ☐	収益を生み出す g------- **revenue**	generate
35 ☐	苦情に対処する d--- w--- **a complaint**	deal with
36 ☐	豊富な証拠を含む **contain** a---- **evidence**	ample
37 ☐	人間工学に基づくイス e-------- **chair**	ergonomic
38 ☐	(ガス・水道・電気などの) 公益事業会社 u------ **company**	utility
39 ☐	不正確な情報 i--------- **information**	inaccurate
40 ☐	大手の供給業者 l------ **supplier**	leading
41 ☐	試作品を開発する **develop a** p--------	prototype
42 ☐	適切な栄養 p----- **nutrition**	proper
43 ☐	マニュアルを参照する **refer to the** t-------	tutorial
44 ☐	保険の補償範囲 i-------- **coverage**	insurance
45 ☐	配管工に電話する **call a** p------	plumber
46 ☐	食事の制限 **dietary** r----------	restriction
47 ☐	原材料を供給する **supply** r-- **materials**	raw
48 ☐	新たな業者を探す **look for a new** v-----	vendor
49 ☐	滑らかな移行 s------- **transition**	seamless
50 ☐	インターネットによって b- m---- o- **the Internet**	by means of

TOEIC® L&Rテスト ボキャブラリーブースター

Unit 18

358-359

You can ①register for the Professional Skills Workshop on the Web site. Speakers will ②cover numerous topics. Information packages will be handed out at the ③event venue.

お知らせ

ウェブサイトからプロフェッショナルスキル①研修に申し込むことができます。講演者たちが②多くのトピックをカバーします。③イベント会場で資料パッケージが配布されます。

☐ **register for a workshop** [rédʒistər fɔːr ə wə́ːrkʃàp]
研修に申し込む
🖉 register for ~ で「~に申し込む、登録する」の意味。同義語にapply for ~、sign up for ~、enroll in ~ (~に登録する) がある。
☐ registration 图登録、申込

☐ **cover numerous topics** [kʌ́vər njúːmərəs tɑ́ːpiks]
多くのトピックをカバーする
🖉 numerousは「多くの、たくさんの」という意味の形容詞。manyの同義語。

☐ **event venue** [ivént vénjuː]
イベント会場
🖉 venueは「開催地、会場」という意味の名詞。同義語はplaceやsite。

Boost-Up

☐ **gather relevant information** [gǽðər réləvənt ìnfərméiʃən]
関連情報を集める
🖉 relevantは「関連のある」という意味の形容詞。
☐ relevance 图関連性

☐ **status of progress** [stéitəs(staétəs) əv prɑ́gres]
進捗状況
🖉 progressは「進捗」という意味の名詞。同じ形で自動詞「進歩する」がある。
☐ make significant progress　著しい進歩を遂げる

Score-Up Booster

Part 5には能動態か受動態かを問う文法問題も出題される。Speakers will cover numerous topics.のように主語が動作を行う場合は能動態 (cover)、Numerous topics will be covered.のように主語が動作を受ける場合には受動態 (be covered) となる。

情報

In April, management will evaluate your ①professional competence. You will then be asked to ②sign up for a seminar. Please choose the one ③best suited to your needs.

4月に経営陣があなたの①専門的な能力を評価します。その後、②セミナーに申し込むことが求められます。あなたの③ニーズに最適なものを選ぶようにしてください。

☐ **professional competence** [prəféʃənl kámpətəns]
専門的な能力
🖊 competenceは「能力、適性」という意味の名詞。同じく名詞でcompetency「能力」もある。
☐ competent 形 有能な、適任な

☐ **sign up for a seminar** [sáin ʌp fɔ́ːr ə sémənàːr]
セミナーに申し込む
🖊 sign up for ~ で「~に申し込む」の意味。

☐ **best suited to your needs** [bést súːtid tə júər níːdz]
ニーズに最適な
🖊 suitは「~に合う、適合する」という意味の他動詞。同義語にmatchがある。

Boost-Up

☐ **measurable effect** [méʒərəbl ifékt]
測定可能な効果
🖊 measurableは、他動詞measure「測定する」に接尾辞-able「できる」で構成され、「測定可能な、測ることができる」という意味の形容詞。
☐ measure 他 ~を測定する　☐ measurement 名 測定

☐ **categorize products into three types**
[kǽtəgəràiz prá:dʌkts ìntə θríː taips]
製品を3タイプに分類する
🖊 categorizeは「~を分類する」という意味の他動詞。
☐ category 名 分類、カテゴリー　☐ categorization 名 分類化

Score-Up Booster

You will then be asked to sign up for a seminar.にあるように、主語 (You) が依頼されている場合は受動態が使われる。ほかに、You will be notified when ... (…したときに知らされる) などの表現もよく使われる。

W: I saw Mr. Bradley ①strolling down the street.

M: He must have been ②on his way to the station.

W: I would have ③shared a ride if I'd known where he was going.

会話

女性：ブラッドリーさんが①通りをぶらぶら歩いているのを見ました。

男性：②駅に行く途中だったのでしょう。

女性：行き先がわかっていたら、③相乗りしてもよかったのですが。

☐ **stroll down the street** [stróul dáun ðə strí:t]

通りをぶらぶら歩く

🖐 strollは「ぶらぶらあるく、散歩する」という意味の自動詞。walkの同義語。

☐ **on my way to the station** [án mái wéi tə ðə stéiʃən]

駅に行く途中で

🖐 on one's way to ~ で「~に行く途中で」の意味。

☐ on my way home　家に帰る途中で

☐ **share a ride** [ʃéər ə ráid]

相乗りする

🖐 rideは「乗せること、乗ること」という意味の名詞。他動詞では「~に乗る」。

☐ ride a bicycle　自転車に乗る

Boost-Up

☐ **go back and forth** [góu bǽk ənd fɔ́:rθ]

行ったり来たりする

🖐 forthは「前へ、前方へ」という意味の副詞。

☐ **leave frequently** [lí:v frí:kwəntli]

頻繁に出発する

🖐 frequentlyは「頻繁に、しばしば」という意味の副詞。oftenの同義語。

☐ frequency　名頻度　☐ frequent　形頻繁な

Score-Up Booster

I would have shared a ride if I'd known where he was going.は「仮定法過去完了形」であり、I would have shared ...は「相乗りしただろう（実際はしていない）」を意味し、if I'd (=I had) known ...は「知っていたら（実際は知らなかった）」を意味する。

> The proofreader ①read the script for the advertisement. She
> suggested ②shortening some sentences. I wish she had
> ③provided feedback in person.
>
> メモ
>
> 校正者が広告用の①台本を読みました。彼女は②いくつかの文を短くするよう助言をくれました。③直接フィードバックを与えてくれればよかったのにと思います。

☐ **read the script** [ríːd ðə skrípt]
台本を読む
✐ scriptは「台本、脚本」という意味の名詞。

☐ **shorten a sentence** [ʃɔ́ːrtn ə séntəns]
文を短くする
✐ shortenは、shortに接尾辞-en（〜にする）で構成される「〜を短くする」という意味の他動詞。
☐ make a sentence shorter　文を短くする

☐ **provide feedback in person** [prəváid fíːdbæk ín pə́ːrsn]
直接フィードバックを与える
✐ in personで「直接、自ら」の意味。

Boost-Up

☐ **define a word** [difáin ə wəːrd]
単語を定義する
✐ defineは「〜を定義する、明確にする」という意味の他動詞。
☐ definition　名定義

☐ **form a habit** [fɔ́ːrm ə hǽbit]
習慣を作る
✐ formは「〜を作る、形成する」という意味の他動詞。habitは「習慣」という意味の名詞。
☐ habitual　形習慣的な

Score-Up Booster

I wish she had provided feedback in person.にある「I wish 主語＋動詞」とは、実際には「主語＋動詞」の内容（she had provided feedback in person）は行われなかったことを意味し、「そうだったとしたらよかったのに」という感想を伝えている。

お知らせ

Orley Bay is home to many ①endangered animals. It is
②extremely important that the environment be protected.
Visitors must not ③cause harm to native plants or animals.

オーリー湾には①絶滅の危機にある動物が多く生息しています。環境が保全されることが、
②極めて重要です。訪問者は自生する動植物に③害を及ぼしてはいけません。

☐ **endangered animals** [indéindʒərd ǽniməlz]
絶滅の危機にある動物
🖋 endangeredは「絶滅の危機にある、絶滅寸前の」という意味の形容詞。

☐ **extremely important** [ikstríːmli impɔ́ːrtənt]
極めて重要な
🖋 extremelyは「極めて、非常に」という意味の副詞。veryの同義語で、程度を強める際に使う。なお、名詞と形容詞は同じ形でextreme。
☐ extreme 名極端　☐ extreme 形極端な

☐ **cause harm** [kɔ́ːz háːrm]
害を及ぼす
🖋 harmは「害、損害」という意味の名詞。
☐ harmful 形有害な

Boost-Up

☐ **issue a statement** [íʃuː ə stéitmənt]
声明を出す
🖋 statementは「声明」という意味の名詞。ほかに「報告書、明細書」の意味もある。
☐ state 他～を述べる

☐ **violate the law** [váiəlèit ðə lɔ́ː]
法律に違反する
🖋 violateは「～に違反する、～を侵害する」という意味の他動詞。
☐ violation 名違反

Score-Up Booster

It is extremely important that the environment be protected.は、「仮定法」で「It is 形容詞 that 主語＋(should)＋動詞の原形」の構文を取り、話者の願望や意見を伝えている。shouldが省略され、動詞は原形で示される。この点がPart 5で問われることもある。

Eメール

The company has an ①enormous amount of work to complete next month. A ②tentative schedule has been posted on the company bulletin board. Changes must be made to ③resolve any scheduling conflicts.

我が社は来月、①膨大な量の仕事を完成させなくてはいけません。②仮のスケジュールが社内掲示板に掲示されました。③スケジュールのかち合いがあれば変更を加え、解決する必要があります。

☐ **enormous amount of work** [inɔ́ːrməs əmáunt əv wéːrk]
膨大な量の仕事
🖊 enormousは「膨大な、巨大な」という意味の形容詞。hugeの同義語。

☐ **tentative schedule** [téntətiv skédʒuːl(ʃédjuːl)]
仮のスケジュール
🖊 tentativeは「仮の、暫定的な」という意味の形容詞。
☐ tentative reservation 仮予約

☐ **resolve a scheduling conflict** [rizálv ə skédʒuːliŋ(ʃédjuːliŋ) kánflikt]
スケジュールのかち合いを解決する
🖊 conflictは「不一致、対立、衝突」という意味の名詞。動詞も同じ形でconflict with ～で「～とかち合う」を意味する。

Boost-Up

☐ **at your earliest convenience** [ət júər ə́ːrliist kənvíːnjəns]
都合がつき次第
🖊 at one's convenienceで「～の都合の良いときに」の意味。
☐ convenient 形 便利な、(時間などが) 都合の良い

☐ **expedite the process** [ékspədàit ðə prases(próuses)]
プロセスを早める
🖊 expediteは「～を速める、促進する」という意味の他動詞。
☐ expedite delivery 配達を早める

Score-Up Booster

予定の変更はビジネスにつきもの。make changes to the schedule（予定の変更をする）という表現は頻出する。また、予定関係の表現に、behind schedule（予定より遅れて）やahead of schedule（予定より早く）、on schedule（予定通り）などがある。

紹介

Sandra Day was hired to ①maximize profits at Dawson Engineering. She immediately ②made massive changes to the corporate structure. In a few short months, she had completely ③transformed the business.

サンドラ・デイは、ドーソン・エンジニアリングの①利益を最大化するために採用されました。彼女は即座に、企業構造に②大きな変化を起こしました。彼女はほんの数カ月のうちに、③事業を転換させたのです。

□ **maximize profits** [mǽksəmàiz práfits(prɔ́fəts)]
利益を最大化する
🖊 profitは「利益、収益」という意味の名詞。
□ profitable 〔形〕収益の多い

□ **make a massive change** [méik ə mǽsiv tʃéindʒ]
大きな変化を起こす
🖊 massiveは「大きな、巨大な」という意味の形容詞。bigの同義語。
□ mass 〔名〕大量、大部分

□ **transform the business** [trænsfɔ́:rm ðə bíznis]
事業を転換する
🖊 transformは、接頭辞trans-（別の状態へ）とform（形成する）で構成され、「〜を転換する、変える」という意味の他動詞。
□ transformation 〔名〕変化、変形

Boost-Up

□ **find a clue** [fáind ə klú:]
手がかりを見つける
🖊 clueは「手がかり、ヒント」という意味の名詞。hintの同義語。

□ **accurate analysis** [ǽkjurət ənǽləsis]
正確な分析
🖊 analysisは「分析」という意味の名詞。
□ analyze 〔他〕〜を分析する　　□ analytical 〔形〕分析の

Score-Up Booster

動詞hire（〜を採用する）は、社員としての採用を表すことがある一方で、仕出し業者（caterer）や造園業者（landscaper）のように一時的に作業を依頼する場合にも使われる。

記事

Mads Ulrich is an ①acclaimed actor from Germany. He ②has a good command of English. He recently ③performed in a theatrical play in the United States.

マッズ・ウルリッヒは①高く評価されている、ドイツ出身の俳優です。②彼は英語が堪能です。最近アメリカで、③演劇に出演しました。

☐ **acclaimed actor** [əkléimd ǽktər]
高く評価された俳優
🖊 acclaimedは「高く評価された、称賛された」という意味の形容詞。
☐ acclaim [他]〜を称賛する

☐ **have a good command of English** [hæv ə gúd kəmǽnd əv íŋgliʃ]
英語が堪能である
🖊 commandは「運用力」という意味の名詞。

☐ **perform in a theatrical play** [pərfɔ́:rm ín ə θiǽtrikəl pléi]
劇で演じる
🖊 theatricalは「演劇の、劇場の」という意味の形容詞。名詞はtheater「映画」。
☐ performance [名]演技　☐ performer 役者

Boost-Up

☐ **renowned poet** [rináund póuət]
著名な詩人
🖊 renownedは「著名な、有名な」という意味の形容詞。同義語はfamousやprominent。
☐ renown [名]著名、有名

☐ **spectacular achievement** [spektǽkjulər ətʃí:vmənt]
目覚ましい業績
🖊 spectacularは「目覚ましい、見事な」という意味の形容詞。greatやremarkableの同義語。
☐ spectacle [名]壮観、光景

Score-Up Booster

acclaimedのように人を賞賛する形容詞は多い。ほかに、accomplished actor（熟練の俳優）、renowned author（著名な作家）、distinguished lecturer（著名な講演家）、talented musician（才能ある音楽家）なども頻出。

記事

Tanaka Designs is a very ①profitable business. Its employees ②take a constructive approach to problem solving. They consider everyone's ideas before ③carrying out a plan.

タナカ・デザインズは、とても①収益の多い事業です。社員たちは問題解決に②建設的なアプローチをとります。③計画を実行する前に、全員のアイデアを取り入れるのです。

☐ **profitable business** [práfitəbl bíznis]
収益の多い事業
- ♂ profitableは「もうかる、収益の多い」という意味の形容詞。
- ☐ profitability 图収益性

☐ **take a constructive approach** [téik ə kənstrʌ́ktiv əpróutʃ]
建設的なアプローチをとる
- ♂ constructiveは「建設的な」という意味の形容詞。
- ☐ construction 图建設　☐ construct 他〜を建設する

☐ **carry out a plan** [kǽri áut ə plǽn]
計画を実行する
- ♂ carry out 〜 で「〜を実行する」の意味。同義語に他動詞implement、conduct、executeなどの「〜を実行する」がある。

Boost-Up

☐ **report to the vice president** [ripɔ́:rt tə ðə váis prézədənt]
副社長に直属する
- ♂ viceで「副〜、代理の」という意味の形容詞。report to 〜 はwork under 〜（〜の下で働く）と言い換えることもできる。
- ☐ report directly to the CEO　CEOに直属する

☐ **attain success** [ətéin səksés]
成功を手にする
- ♂ attainは「〜を手に入れる、達成する」という意味の他動詞。同義語は他動詞getやobtain（〜を手に入れる）。

Score-Up Booster

Part 7の設問で問われるWhat is indicated[mentioned] about ...?（…について述べられていることは何ですか）やWhat is suggested[implied] about ...?（…について暗に示されていることは何ですか）は、1文ずつ情報が追加される展開を正確に理解する必要がある。

会話

M: Do you like ①<u>contemporary art</u>?

W: Yes, it helps me view things ②<u>from a different perspective.</u>

M: What do you think of the paintings ③<u>lined up on the shelf</u>?

男性：①現代美術が好きなんですか？
女性：そうですね、物事を②異なる視点から見させてくれますから。
男性：③棚に並べられている絵画についてはどう思いますか？

□ **contemporary art** [kəntémpərèri á:rt]
現代美術
🖉 contemporaryは「現代の、同時代の」という意味の形容詞。

□ **from a different perspective** [frʌm ə dífərənt pərspéktiv]
異なる視点から
🖉 perspectiveは「視点、観点」という意味の名詞。point of view（視点）と言うこともできる。
□ from a different point of view 異なる視点から

□ **be lined up on the shelf** [bí: laind ʌp án ðə ʃélf]
棚に並べられて
🖉 line up ~ で「~を1列に並べる」の意味。
□ be lined up in a row 一列に並べられて

Boost-Up

□ **intellectual curiosity** [intəléktʃuəl kjùəriásəti]
知的好奇心
🖉 intellectualは「知性の、理性に関する」という意味の形容詞。
□ curious 形好奇心が強い □ intellect 名知性

□ **do embroidery** [du imbrɔ́idəri]
刺繍をする
🖉 embroideryは「刺繍」という意味の名詞。needleworkという言い方もある。

Score-Up Booster

What do you think of ...?は感想を聞く定番表現。ポジティブな感想もネガティブな感想もあるため、どのような応答がされたか問われることも多い。

Quick **C**heck Booster 171-180

01 ☐	成功を手にする a----- **success**	**attain**
02 ☐	高く評価された俳優 a-------- **actor**	**acclaimed**
03 ☐	頻繁に出発する **leave** f---------	**frequently**
04 ☐	都合がつき次第 **at your earliest** c-----------	**convenience**
05 ☐	副社長に直属する **report to the** v--- **president**	**vice**
06 ☐	収益の多い事業 p---------- **business**	**profitable**
07 ☐	製品を3タイプに分類する c--------- **products into three types**	**categorize**
08 ☐	利益を最大化する **maximize** p------	**profits**
09 ☐	知的好奇心 i----------- **curiosity**	**intellectual**
10 ☐	現代美術 c------------ **art**	**contemporary**
11 ☐	膨大な量の仕事 e------- **amount of work**	**enormous**
12 ☐	事業を転換する t-------- **the business**	**transform**
13 ☐	声明を出す **issue a** s---------	**statement**
14 ☐	大きな変化を起こす **make a** m------ **change**	**massive**
15 ☐	文を短くする s------ **a sentence**	**shorten**
16 ☐	仮のスケジュール t-------- **schedule**	**tentative**

17 ☐	計画を実行する c---- o-- a plan	carry out
18 ☐	研修に申し込む r------- f-- a workshop	register for
19 ☐	極めて重要な e-------- important	extremely
20 ☐	害を及ぼす cause h---	harm
21 ☐	通りをぶらぶら歩く s----- down the street	stroll
22 ☐	台本を読む read the s-----	script
23 ☐	法律に違反する v------ the law	violate
24 ☐	ニーズに最適な best s----- to your needs	suited
25 ☐	相乗りする share a r---	ride
26 ☐	多くのトピックをカバーする cover n------- topics	numerous
27 ☐	専門的な能力 professional c----------	competence
28 ☐	単語を定義する d----- a word	define
29 ☐	英語が堪能である have a good c------ of English	command
30 ☐	進捗状況 status of p-------	progress
31 ☐	直接フィードバックを与える provide feedback i- p-----	in person
32 ☐	セミナーに申し込む s--- u- f-- a seminar	sign up for
33 ☐	建設的なアプローチをとる take a c----------- approach	constructive

34 ☐	関連情報を集める **gather r------- information**	relevant
35 ☐	絶滅の危機にある動物 **e--------- animals**	endangered
36 ☐	イベント会場 **event v----**	venue
37 ☐	測定可能な効果 **m---------- effect**	measurable
38 ☐	棚に並べられて **be l---- u- on the shelf**	lined up
39 ☐	目覚ましい業績 **s---------- achievement**	spectacular
40 ☐	習慣を作る **f--- a habit**	form
41 ☐	駅に行く途中で **o- m- w-- t- the station**	on my way to
42 ☐	プロセスを早める **e------- the process**	expedite
43 ☐	正確な分析 **accurate a-------**	analysis
44 ☐	行ったり来たりする **go back and f----**	forth
45 ☐	刺繍をする **do e---------**	embroidery
46 ☐	スケジュールのかち合いを解決する **resolve a scheduling c-------**	conflict
47 ☐	著名な詩人 **r------- poet**	renowned
48 ☐	手がかりを見つける **find a c---**	clue
49 ☐	異なる視点から **from a different p----------**	perspective
50 ☐	劇で演じる **perform in a t--------- play**	theatrical

TOEIC® L&Rテスト
ボキャブラリーブースター

Unit 19

379-380

お知らせ

Residents of the central suburbs are no longer allowed to _park_
their vehicles at the curb. This change should help reduce
traffic congestion. The rule does not apply to suburbs _on the
outskirts_ of the city.

都市近郊の住人は今後①縁石のところに駐車することができません。この変更は②交通渋滞の緩和につながるはずです。この規則は③市の郊外にある周辺地区には該当しません。

□ **park a vehicle at the curb** [páːrk ə víːəkl ət ðə káːrb]
縁石のところに駐車する
🖊 curbは「縁石」という意味の名詞。

□ **traffic congestion** [trǽfik kəndʒéstʃən]
交通渋滞
🖊 congestionは「混雑、密集」という意味の名詞。
□ congested 形混雑した、密集した

□ **on the outskirts of a city** [ɑ́n ði áutskəːrts əv ə síti]
市の郊外に
🖊 outskirtsは「郊外、はずれ」という意味の名詞。

Boost-Up

□ **rural area** [rúərəl éəriə]
郊外
🖊 ruralは「田舎の、農村の」という意味の形容詞。同義語はcountry「田舎の」。名詞countryや名詞countrysideで「田舎」。

□ **urban area** [áːrbən éəriə]
都会
🖊 urbanは「都会の、都市の」という意味の形容詞。

Score-Up Booster

Residents of the central suburbs are no longer allowed to park their vehicles at the curb.のno longer（もはや〜ない）は、「過去には駐車できたが、現在は駐車が禁止である」を意味する。ずっと禁止されていたわけではないことに注意したい。

Mills Homewares has ①invented a device for use in the laundry. It can ②remove wrinkles completely. The company will ③give a product demonstration at the upcoming trade show in Seattle.

プレスリリース　ミルズ・ホームウェアーズは、洗濯室で使用する①機械を発明しました。②しわを完全に取り去ることができるものです。同社は近々シアトルで開催される商品展示会で、③製品デモをする予定です。

☐ **invent a device** [invént ə diváis]
機械を発明する
🖊 inventは「～を発明する、考案する」という意味の他動詞。
☐ invention [名]発明

☐ **remove wrinkles completely** [rimúːv ðə stéin kəmplíːtli]
しわを完全に取り去る
🖊 removeは「～を取り除く」という意味の他動詞。
☐ removal [名]除去、撤去

☐ **give a product demonstration** [gív ə prádʌkt dèmənstréiʃən]
製品デモをする
🖊 demonstrationは「デモ、実物宣伝」という意味の名詞。
☐ demonstrate [他]～を実演する

Boost-Up

☐ **battery-operated device** [bǽtəri ápərèitid diváis]
電池稼働の機器
🖊 deviceは「機器、装置」という意味の名詞。
☐ digital device　デジタル機器

☐ **be fully operational** [bíː fúli àpəréiʃənl]
フル稼働している
🖊 operationalは「運転可能な、操作可能な」という意味の形容詞。
☐ operation [名]稼働、操作　　☐ operate [他]～を操作する、運転する

Score-Up Booster

completely（完全に）のように、程度を表す副詞は情報を正確に把握するのに役立つ。totally（完全に）、entirely（完全に、全体に）、fully（完全に、全体に）は全体をカバーするが、partly（部分的に）やpartially（部分的に）などは一部である。

指示

Delivery drivers should ①weigh packages before loading them onto their trucks. This is especially important when shipping ②bulk orders. Please make sure that the total weight is ③in compliance with the guidelines.

配送運転手はトラックに積む前に、①荷物の重さを量るべきです。これは②大量注文品を配送する際に、特に重要になります。必ず総重量が③指針に従っているようにしてください。

☐ **weigh a package** [wéi ə pǽkidʒ]
荷物の重さを量る
✐ weighは「~の重さを量る」という意味の他動詞。
☐ weight [名]重さ

☐ **bulk orders** [bʌ́lk ɔ́:rdərz]
大量注文
✐ bulkは「大量、多量」という意味の名詞。
☐ in bulk 大量に

☐ **in compliance with the guidelines** [ín kəmpláiəns wíð ðə gáidlainz]
指針に従って
✐ in compliance with ~ で「~に従って」。後ろにはルール関係の単語(regulations 「規則」、policy「方針」など)が続くことが多い。
☐ comply with the guidelines 指針に従う

Boost-Up

☐ **handling charge** [hǽndliŋ tʃɑ́:rdʒ]
取扱手数料
✐ chargeは「手数料、使用料」という意味の名詞。他動詞「~を請求する」の意味もある。

☐ **unless otherwise notified** [ənlés ʌ́ðərwàiz nóutifaid]
他にお知らせがない限り
✐ unlessは「~でない限り」という接続詞。otherwiseは「他に」という意味の副詞。
☐ unless you are notified otherwise 他にお知らせがない限り

Score-Up Booster

Delivery drivers should weigh packages before loading them onto their trucks.のように、前後関係を示す内容は設問で問われることが多いので、正確に理解したい。

> Ms. Waters gave an ①informative lecture at the Harper Valley
> Business Association. She discussed ways that businesses
> could ②analyze the consequences of their actions. It ③inspired
> people to be more careful about their decisions.
>
> メモ
>
> ウォーターズさんはハーパーバレー・ビジネスアソシエーションで、①有益な講演を行いました。企業がどのようにして自らの行動の②結果を分析することができるかについて話しました。この講演は、自分の決断にもっと慎重になるよう、③人々を動機づけるものでした。

☐ **informative lecture** [infó:rmətiv léktʃər]
有益な講演
🖉 informativeは「有益な、参考になる」という意味の形容詞。

☐ **analyze the consequences** [ǽnəlàiz ðə ká:nsikwənsiz]
結果を分析する
🖉 consequenceは「結果、影響」という意味の名詞。
☐ consequently 副結果として

☐ **inspire people** [inspáiər pí:pl]
人々を動機づける
🖉 inspireは「〜を動機付ける、鼓舞する」という意味の他動詞。
☐ inspiration 名鼓舞、ひらめき

Boost-Up

☐ **take part in the program** [téik pá:rt ín ðə próugræm]
プログラムに参加する
🖉 take part in 〜 で「〜に参加する」の意味。同義語はparticipate in 〜。

☐ **quote a sentence** [kwóut ə séntəns]
文を引用する
🖉 quoteは「〜を引用する」という意味の他動詞。名詞も同じ形で「引用」のほか「見積（書）」を意味する。

Score-Up Booster

講演に関する内容では、講演テーマのほか、講演者の肩書や講演内容の詳細の理解も求められる。またPart 7のマルチプルパッセージでは、講演のスケジュールがよく出題され、複数文書間の情報の関連づけが求められることが多い。

発言

This is a ①<u>crucial moment</u> in our company's growth. We are releasing ②<u>an array of products</u> simultaneously. We must ③<u>make elaborate preparations</u> to ensure that everything goes smoothly.

これは当社の成長にとって①重要な場面です。②様々な製品を同時に発売します。うまくいくように③入念な準備をする必要があります。

☐ **crucial moment** [krúːʃəl móumənt]
重要な場面
🖉 crucialは「重要な、重大な」という意味の形容詞。同義語にcriticalやpivotalがある。

☐ **an array of products** [ən əréi əv práːdʌkts]
様々な製品
🖉 an array of ~ で「様々な~、ずらりと並んだ~」の意味。a variety of ~ と同じ意味で使える。

☐ **make elaborate preparations** [méik ilǽbərət prèpəréiʃənz]
入念な準備をする
🖉 elaborateは「入念な、手の込んだ」という意味の形容詞。同じ形で他動詞「~を詳しく述べる」の意味もある。

Boost-Up

☐ **attractive aspect** [ətrǽktiv ǽspekt]
魅力的な一面
🖉 aspectは「一面、側面」という意味の名詞。

☐ **reveal the fact** [rivíːl ðə fǽkt]
事実を明らかにする
🖉 revealは「~を明らかにする」という意味の他動詞。同義語にdisclose（~を明らかにする）があり、接頭辞dis-（反対の）とclose（閉じる）で構成されている。
☐ disclose information　情報を開示する

Score-Up Booster

リーディングセクションでは、crucialやelaborateなどの難単語が多く登場する。定着を早めるために、日本語訳だけでなく、フレーズや同義語（crucial=important、elaborate=thorough[徹底的な]）など様々な関連づけを行うことがオススメ。

広告

> Gee's Gym is popular with ①health-conscious professionals. It ②operates 24 hours a day. This makes it easy for gym members to add gym visits to their ③daily routine.
>
> ジーズ・ジムは①健康意識の高いプロの間で人気があります。②1日24時間営業しています。そのため③日課にジム通いを組み込みやすいのです。

□ **health-conscious professional** [hélθ kánʃəs prəféʃənəl]
健康意識の高いプロ
⊘ consciousは「意識している、気にしている」という意味の形容詞。
□ consciousness 名意識、知覚

□ **operate 24 hours a day** [ápərèit twénti fɔr aurz ə déi]
1日24時間営業する
⊘ ~ hours a dayで「1日に~時間」の意味。
□ two days a week 週2日

□ **daily routine** [déili ruːtíːn]
日課
⊘ routineは「決まりきった仕事、日課」という意味の名詞。

Boost-Up

□ **day-to-day activity** [déi tə déi æktívəti]
日々の活動
⊘ day-to-dayで「日々の、毎日の」という意味の形容詞。

□ **while on duty** [hwáil án djúːti]
勤務中に
⊘ on dutyで「勤務中で」の意味。off dutyで「勤務時間外で、非番で」を意味する。

Score-Up Booster

This makes it easy for gym members to add gym visits to their daily routine.
にある、make it easyのitは形式的に置かれ、実際にeasyになる内容は、for gym membersに続くto add gym visits to their daily routineである。

> Max Parnell is a ①highly regarded musician. He ②composed a piece of music for a Broadway show. The show ③turned out to be a great success.

記事

マックス・パーネルは①高く評価されている音楽家です。彼はブロードウェイのショーのために②作曲しました。ショーは③大成功を収めました。

☐ **highly regarded** [háili rigá:rdid]
高く評価されている
🖉 regardは「～を評価する、尊敬する」という意味の他動詞。
☐ regard you as the best candidate　あなたを最適な候補者だと評価する

☐ **compose a piece of music** [kəmpóuz ə pí:s əv mjú:zik]
作曲する
🖉 composeは「～を作曲する、創作する」という意味の他動詞。
☐ composition　图作曲、組立　☐ composer　作曲家

☐ **turn out to be a great success** [tə́:rn áut tə bí: ə gréit səksés]
大成功を収める
🖉 turn out to beで「～という結果になる」の意味。result in ～（結果として～になる）と同じ意味。

Boost-Up

☐ **different genres of music** [dífərənt ʒá:nrəz əv mjú:zik]
色々なジャンルの音楽
🖉 genreは「ジャンル、分野」という意味の名詞。categoryの同義語。

☐ **play a musical instrument** [pléi ə mjúzikəl ínstrəmənt]
楽器を演奏する
🖉 instrumentは「道具、器具」を意味する名詞。

Score-Up Booster

Max Parnell is a highly regarded musician.と述べた後で、Max Parnellの実績を伝えている。人物を端的に紹介したあとで、詳細に入っていくのは一般的な流れであり、Who is Mr. Parnell?という概要のほか、より詳細な情報が問われることが多い。

> FWT Constructions has always been a ①reliable contractor.
> They have offered us ②tremendous support in the past.
> Nevertheless, there has been an ③emergence of viable
> competitors whom we should also consider.

会議の発言

> FWT建設は昔から①信頼できる業者でした。同社は過去、我が社に②絶大な支持を提供してくれました。それでもなお、我が社が検討すべき③競合他社の台頭もあるのです。

☐ **reliable contractor** [riláiəbl kántræktər]

信頼できる業者

⌁ reliableは「信頼できる」という意味の形容詞。同義語にdependable「信頼できる」がある。

☐ reliability ［名］信頼性　☐ rely on ~ ~に頼る

☐ **tremendous support** [triméndəs səpɔ́ːrt]

絶大な支持

⌁ tremendousは「絶大な、すさまじい」という意味の形容詞。

☐ **emergence of competitors** [imə́ːrdʒəns əv kəmpétitərz]

競合他社の台頭

⌁ emergenceは「台頭、出現」という意味の名詞。

☐ emerge ［自］出現する

Boost-Up

☐ **suitable environment** [súːtəbl inváiərənmənt]

適した環境

⌁ suitableは「適した、ふさわしい」という意味の形容詞。

☐ suitability ［名］適していること　☐ suit ［他］~に適合する、適合させる

☐ **be divided into two phases** [bíː diváidid intə túː féiziz]

2段階に分けられる

⌁ divideは「~を分ける」という意味の他動詞。be divided into ~ (~に分けられる) でよく使われる。

☐ division ［名］部門、分けること

Score-Up Booster

nevertheless (それでもなお) は、逆接的な内容に用い、同義語としてhowever (しかし) やnonetheless (それでもなお)、yet (しかし)、even so (それでも) などがある。

会話

W: I need you to wash the ①cooking utensils.

M: Should I wash the ②plates and silverware, too?

W: Yes, ③they're piled up in the sink.

女性：①調理器具を洗ってもらわないといけません。

男性：②皿と銀食器も洗いましょうか？

女性：はい、流しに③積み重ねられています。

☐ **cooking utensils** [kúkiŋ ju:ténsəlz]
調理器具
　🖋 utensilは「器具、道具」という意味の名詞。
　☐ eating utensils　食器

☐ **plates and silverware** [pleits ənd sílvəweər]
皿と銀食器
　🖋 silverwareは「銀食器」という意味の名詞。スプーン、ナイフ、フォークなど銀色の食器のこと。

☐ **be piled up** [bí: páild ʌp]
積み重ねられる
　🖋 pile up ~ で「~を積み重ねる」を意味する。
　☐ pile　名(本・書類などを)積み重ねたもの

Boost-Up

☐ **pour water into a glass** [pɔ́:r wɔ́:tər ìntə ə glǽs]
グラスに水を注ぐ
　🖋 pour ~ into ...で「~を…へ注ぐ」の意味。

☐ **clean the surface** [klí:n ðə sə́:rfis]
表面をきれいにする
　🖋 surfaceは「表面」を意味する名詞。
　☐ surface of water　水面

Score-Up Booster

Part 1では、箱などが積み重なった写真が頻繁に登場する。その際に、Some boxes are[have been] piled up.（箱が積み重なっている）やSome boxes are[have been] stacked.（箱が積み重なっている）などの描写がされることが多い。

> There has been a lot of interest in the ①impending merger. I have ②replied to many inquiries from the press. However, we cannot ③unveil the plan completely until next week.

Eメール

①差し迫った合併に多くの関心が寄せられています。私はすでに多数のマスコミからの②問い合わせに返信しています。ですが来週にならないと、③計画の全容を公表することができません。

☐ **impending merger** [impéndiŋ mə́:rdʒər]
差し迫った合併
🖊 impendingは「差し迫った、今にも起こりそうな」という意味の形容詞。upcomingやforthcoming（来たる）の同義語。

☐ **reply to an inquiry** [riplái tə ən inkwáiəri]
問い合わせに返信する
🖊 inquiryは「問い合わせ、質問」という意味の名詞。inquireは自動詞で「問い合わせる」の意味。

☐ **unveil a plan** [ʌnvéil ə plǽn]
計画を公表する
🖊 unveilは「～を公表する、明らかにする」という意味の他動詞。接頭辞un-（～と逆の）とveil（覆い）で構成され、「ベールを取る」という意味から転じている。

Boost-Up

☐ **adapt to environmental changes** [ədǽpt tə invàiərənméntl tʃéindʒiz]
環境の変化に適応する
🖊 adapt to ～で「～に適応する」の意味。
☐ adaptation 名適応

☐ **fluctuate quickly** [flʌ́ktʃuèit kwíkli]
素早く変動する
🖊 fluctuateは「変動する」という意味の自動詞。同義語にvaryやchangeがある。
☐ fluctuation 名変動

Score-Up Booster

Part 7では、本文の広い範囲について、選択肢では一文で言い換えることがある。たとえば、What will most likely happen next week?（来週おそらく何が起こるか）に対して、Merger plans will be announced.（合併の計画が発表される）のようになる。

399

01 ☐	絶大な支持 t--------- **support**	tremendous
02 ☐	楽器を演奏する **play a musical i---------**	instrument
03 ☐	素早く変動する f-------- **quickly**	fluctuate
04 ☐	問い合わせに返信する **reply to an i------**	inquiry
05 ☐	積み重ねられる **be p---- u-**	piled up
06 ☐	シミを完全に取り去る r----- **wrinkles completely**	remove
07 ☐	交通渋滞 **traffic c---------**	congestion
08 ☐	重要な場面 c------ **moment**	crucial
09 ☐	指針に従って **in compliance with the g---------**	guidelines
10 ☐	様々な製品 **an a---- o- products**	array of
11 ☐	プログラムに参加する t--- p--- i- **the program**	take part in
12 ☐	入念な準備をする **make e-------- preparations**	elaborate
13 ☐	電池稼働の機器 **battery-operated d-----**	device
14 ☐	適した環境 s------- **environment**	suitable
15 ☐	調理器具 **cooking u-------**	utensils
16 ☐	大量注文 **b--- orders**	bulk

17 ☐	日課 **daily r------**	routine
18 ☐	魅力的な一面 **attractive a-----**	aspect
19 ☐	勤務中に **while o- d---**	on duty
20 ☐	2段階に分けられる **be d------ i--- two phases**	divided into
21 ☐	高く評価されている **highly r-------**	regarded
22 ☐	縁石のところに駐車する **park a vehicle at the c---**	curb
23 ☐	日々の活動 **d--------- activity**	day-to-day
24 ☐	表面をきれいにする **clean the s------**	surface
25 ☐	有益な講演 **i---------- lecture**	informative
26 ☐	郊外 **r---- area**	rural
27 ☐	差し迫った合併 **i-------- merger**	impending
28 ☐	大成功を収める **t--- o-- t- b- a great success**	turn out to be
29 ☐	事実を明らかにする **r----- the fact**	reveal
30 ☐	文を引用する **q---- a sentence**	quote
31 ☐	健康意識の高いプロ **h--------------- professional**	health-conscious
32 ☐	色々なジャンルの音楽 **different g----- of music**	genres
33 ☐	1日24時間営業する **operate 24 h---- - d--**	hours a day

34 ☐	取扱手数料 **handling c-----**	charge
35 ☐	人々を動機づける **i------ people**	inspire
36 ☐	信頼できる業者 **r------- contractor**	reliable
37 ☐	荷物の重さを量る **w---- a package**	weigh
38 ☐	都会 **u---- area**	urban
39 ☐	作曲する **c------ a piece of music**	compose
40 ☐	環境の変化に適応する **a---- t- environmental changes**	adapt to
41 ☐	計画を公表する **u----- a plan**	unveil
42 ☐	皿と銀食器 **plates and s---------**	silverware
43 ☐	製品デモをする **give a product d------------**	demonstration
44 ☐	市の郊外に **on the o-------- of a city**	outskirts
45 ☐	結果を分析する **analyze the c-----------**	consequences
46 ☐	機械を発明する **i----- a device**	invent
47 ☐	フル稼働している **be fully o----------**	operational
48 ☐	グラスに水を注ぐ **p--- water i--- a glass**	pour, into
49 ☐	競合他社の台頭 **e--------- of competitors**	emergence
50 ☐	他にお知らせがない限り **u----- otherwise notified**	unless

TOEIC® L&Rテスト
ボキャブラリーブースター

Unit 20

400-401

お知らせ

The staff uniform at White Orchid Hotel includes both long- and ①short-sleeved shirts. Which type staff choose to wear is a matter of ②personal preference. However, you are not allowed to ③roll up your sleeves even in summer.

ホワイトオーキッド・ホテルの制服には、長そでと①半そでシャツがあります。スタッフがどちらを着るかは、②個人の好みの問題です。ですが、夏であろうと③袖をまくることは許されていません。

☐ **short-sleeved shirt** [ʃɔ́ːrt slíːvd ʃéːrt]
半そでシャツ
🖋 short-sleevedは「半袖の」という意味の形容詞。「長袖の」はlong-sleeved。

☐ **personal preference** [pə́ːrsənl préfərəns]
個人の好み
🖋 preferenceは「好み」という意味の名詞。
☐ prefer 他〜を好む　☐ color preference 色の好み

☐ **roll up your sleeves** [róul ʌp júər slíːvz]
袖をまくる
🖋 roll up ~ で「〜をまくる、〜を巻き上げる」の意味。

Boost-Up

☐ **comfortable uniform** [kʌ́mfərtəbl júːnəfɔ̀rm]
快適な制服
🖋 comfortableは「快適な」という意味の形容詞。
☐ comfort 名快適さ

☐ **lean against the wall** [líːn əgénst ðə wɔ́ːl]
壁によりかかる
🖋 leanは「寄りかかる」という意味の自動詞。lean against ~ のほか、lean over ~（〜に身を乗り出す）も登場する。
☐ lean over the counter　カウンターに身を乗り出す

Score-Up Booster

禁止事項についてはよく出題される。禁止を表す構文にはYou are not allowed to ...のほか、You are not permitted to ...（…することを許可されていない）やYou are prohibited from ...（…することを禁止されている）などがある。

> Visitors to the park receive a ①complimentary gift before they leave. They can ②pick out a souvenir from the gift shop. In addition, there are special gifts for those who make ③generous donations.

放送

遊園地の来場者は、出る前に①無料のプレゼントをもらいます。ギフトショップで②お土産を選ぶことができます。それに加えて、③気前のよい寄付をした人には、特別なプレゼントが用意されています。

☐ **complimentary gift** [kàmpləméntəri gíft]
無料のプレゼント
　🖊 complimentaryは「無料の」という意味の形容詞。freeの同義語。
　☐ complimentary breakfast　無料の朝食

☐ **pick out a souvenir** [pík áut ə sù:vəníər]
お土産を選ぶ
　🖊 souvenirは「お土産、記念品」という意味の名詞。pick out ~ はchoose（~を選ぶ）の同義語。

☐ **generous donation** [dʒénərəs dounéiʃən]
気前のよい寄付
　🖊 donationは「寄付、寄贈」という意味の名詞。
　☐ generosity　图気前の良さ、寛大さ　　☐ generous offer　寛大な申し出

Boost-Up

☐ **household appliance** [háushòuld əpláiəns]
家電
　🖊 householdは「家庭用の、家族の」という意味の形容詞。

☐ **customized product** [kʌ́stəmaizd prɑ́dʌkt]
特注の製品
　🖊 customizedは「特注の、特別あつらえの」という意味の形容詞。同義語にcustom-made「特注の」やpersonalized「個別の」がある。

Score-Up Booster

Visitors to the park receive a complimentary gift before they leave.の前後関係を正確に理解できたかを問うための問題として、What can visitors do before they leave?（訪問者は出る前に何ができますか）のような設問も出題される。

発言

Interviews of applicants for the vacancy on our staff will ①begin shortly. Ms. Wayne introduced one ②prospective candidate. Unfortunately, he was an ③inexperienced mechanic.

従業員の欠員へ応募してきた人たちとの面接が①間もなく始まります。ウェインさんが②見込みのある候補者を紹介しました。残念ながら、彼は③経験不足の整備士でした。

☐ **begin shortly** [bigín ʃɔ́:rtli]
間もなく始まる
🖋 shortlyは「間もなく、すぐに」という意味の副詞。
☐ arrive shortly　間もなく到着する

☐ **prospective candidate** [prəspéktiv kǽndidèit]
見込みのある候補者
🖋 candidateは「候補者、志願者」という意味の名詞。applicant（応募者）の同義語。
☐ successful candidate　合格者、適任者

☐ **inexperienced mechanic** [ìnikspíəriənst mikǽnik]
経験不足の整備士
🖋 mechanicは「整備士、修理工」という意味の名詞。
☐ experienced mechanic　経験豊富な整備士

Boost-Up

☐ **consist of 20 members** [kənsíst əv twénti mémbərz]
20人のメンバーで構成される
🖋 consist of ~ で「~で構成される、成り立つ」の意味。同じ意味にbe composed of ~「~から構成される」がある。

☐ **take the initiative** [téik ði iníʃətiv(iníʃiətiv)]
主導権を取る
🖋 initiativeは「主導権、イニシアチブ」という意味の名詞。
☐ initiation 名加入、開始　☐ initial 名最初の

Score-Up Booster

求人への応募者の資質について話し合うことは多い。What is mentioned about Ms. Wayne?（ウェインさんについて何が述べられていますか）に対して、会話内容を言い換えたShe is not qualified for the job.（仕事への資格がない）のようなものも多い。

お知らせ

Stirling Manufacturing is always careful to ①observe state laws. It ②consults an attorney whenever necessary. All its ③legal documents are thoroughly reviewed by a local law firm.

スターリング・マニュファクチュアリングは常に①法律を順守することに注意を払っています。必要とあらばいつでも②弁護士に相談します。同社の③法律関係の文書は全て地元の法律事務所によって、徹底的に審査されます。

☐ **observe the law** [əbzə́:rv ðə lɔ́:]
法律を順守する
♟ observeは「～を順守する」という意味の他動詞。followの同義語。
☐ observation 名 順守、観察

☐ **consult an attorney** [kənsʌ́lt ən ətə́:rni]
弁護士に相談する
♟ attorneyは「弁護士」という意味の名詞。同義語はlawyer。

☐ **legal document** [líːgəl dákjumənt]
法律関係の文書
♟ legalは「法律の、合法の」という意味の形容詞。反意語はil-（～ではない）とlegalで構成されたillegal（不法な）。
☐ legal firm 法律事務所　　☐ legal affairs 法務

Boost-Up

☐ **law firm** [lɔ́: fə́:rm]
法律事務所
♟ lawは「法律、法」という意味の名詞。

☐ **handle the problem** [hǽndl ðə prábləm]
問題を処理する
♟ handleは「～を処理する、扱う」という意味の他動詞。同義語にdeal with ～ がある。名詞handleには「取っ手」の意味がある。

Score-Up Booster

法律事務所関係の会話やトークはTOEICに時々登場する。legal、attorney、observe the lawのように法律関係の語句は出るが、弁護士業務の細かい話にはならないため、面談や書類のやり取りなど、基本的な理解で対応できることが多い。

広告

Bawando is a new energy drink ①gaining popularity among young people. People can ②sample the drink at the Springfield Marathon. The manufacturer is ③providing refreshments for all of the runners.

バワンドは①若者の間で人気を得ている、新しいエナジードリンクです。スプリングフィールドマラソンで②新しいドリンクを試飲することができます。ドリンクのメーカーが、全ランナーへの③軽食を提供します。

☐ gain popularity among young people
[géin pàpjulǽrəti əmʌ́ŋ jʌ́ŋ pí:pl]

若者の間で人気を得る

🖉 popularityは「人気」という意味の名詞。

☐ sample a drink [sǽmpl ə dríŋk]
ドリンクを試飲する

🖉 sampleは「～を試飲する、試食する」という意味の他動詞。名詞sampleは「試食品」。

☐ free product sample　無料の製品サンプル

☐ provide refreshments [prəváid rifréʃmənts]
軽食を提供する

🖉 refreshmentは「軽食」という意味の名詞。コーヒーや紅茶、サンドイッチなど。

Boost-Up

☐ common characteristics [kámən kæərəktərístiks]
共通の特徴

🖉 characteristicは通常、複数形で用いて「特徴、特性」を表す名詞。

☐ have something in common　共通点がある

☐ meticulous preparation [mətíkjuləs prèpəréiʃən]
細部まで行き届いた準備

🖉 meticulousは「細部まで行き届いた、極めて注意深い」という意味の形容詞。同義語にdetailed（細かい）やthorough（徹底した）などがある。

Score-Up Booster

イベントのスポンサー（sponsor：後援者）として商品を提供する話も出題される。目的が問われる場合は、To sponsor an event（イベントを後援する）のような選択肢が正解となることもある。ほかに、「何の会社か」なども出題される。

410-411

メモ

Spectro is an ①authorized dealer of Xenex photocopiers. It ②is strictly prohibited from selling other brands. However, it does not ③require authorization to carry out repair work.

スペクトロはゼネックスコピー機の①正規の販売店です。他社製品の販売は②固く禁止されています。ですが、修理作業を行うのに③承認を必要としません。

□ **authorized dealer** [ɔ́:θəràizd díːlər]
正規の販売店
　🖉 authorizedは「正規の、権限を与えられた」という意味の形容詞。
　□ authorize 他〜に許可する、権限を与える

□ **be strictly prohibited** [bí: stríktli prouhíbitid]
固く禁止されている
　🖉 prohibitは「〜を禁止する」という意味の他動詞。be prohibited from 〜ing（〜することを禁止される）の形でよく使われる。
　□ prohibition 名禁止

□ **require authorization** [rikwáiər ɔ̀:θərizéiʃən(ɔ̀:θəraizéiʃən)]
承認を必要とする
　🖉 authorizationは「承認、認可」という意味の名詞。

Boost-Up

□ **reject an offer** [ridʒékt ən ɔ́:fər]
オファーを断る
　🖉 rejectは「〜を断る、拒絶する」という意味の他動詞。同義語にturn down 〜 やdecline がある。
　□ rejection 名拒否

□ **go over specifications** [góu óuvər spèsifikéiʃənz]
仕様書を確認する
　🖉 specificationは通常、複数形で用いて「仕様書、設計明細書」を表す名詞。カタカナで使う「スペック」のこと。

Score-Up Booster

「禁止されていること」と「許可されていること」の違いについては、正確に理解したい。be strictly prohibitedやdo not requireのほか、be restricted to 〜（〜に制限されている）やbe not allowed（禁止されている）などの表現がヒントとなる。

手紙

Mr. Collins ①has a compelling vision for the future of the company. Many of the staff members ②have similar opinions. They have ③embraced the concepts Mr. Collins values.

コリンズさんは当社の未来について①説得力のあるビジョンを持っています。多くの従業員が②似た意見を持っています。彼らはコリンズさんが大事にしている③コンセプトを受け入れたのです。

☐ **have a compelling vision** [hǽv ə kəmpéliŋ víʒən]
説得力のあるビジョンを持つ

✎ compellingは「説得力のある」という意味の形容詞。

☐ **have similar opinions** [hǽv símələr oupínjənz]
似た意見を持つ

✎ similarは「似ている、類似した」という意味の形容詞。
☐ similarity 名類似

☐ **embrace the concept** [imbréis ðə kánsept]
コンセプトを受け入れる

✎ embraceは「〜を受け入れる、採用する」という意味の他動詞。同義語にaccept（〜を受け入れる）やadopt（〜を採用する）がある。

Boost-Up

☐ **convey messages** [kənvéi mésidʒiz]
メッセージを伝える

✎ conveyは「〜を伝える、運ぶ」という意味の他動詞。
☐ conveyor 名運搬装置

☐ **straightforward instruction** [strèitfɔ́ːrwərd instrʌ́kʃən]
簡潔な指示

✎ straightforwardは「簡潔な、分かりやすい」という意味の形容詞。simpleやeasyの同義語。

Score-Up Booster

相違と類似（differences and similarities）に関する描写は多い。特に、独自性や相違に関してはWhat is different about ...?（…について何が異なっていますか）などで問われることが多い。

> Halifax Corporation believes that people are its most ①valuable asset. All employees ②utilize their expertise to achieve the company's goals. It ③provides rewards to staff members who perform at a high level.

お知らせ

ハリファックス株式会社では、人が我が社の最も①価値ある資産だと考えています。私たちの目標を達するために、全従業員が②専門技術を活用します。高いレベルで活躍する従業員には③報酬を与えます。

□ **valuable asset** [væljuəbl æset]
価値ある資産、貴重な人材
　valuableは「価値のある、貴重な」という意味の形容詞。assetは「資産」のほか「人材」の意味もある名詞。

□ **utilize your expertise** [júːtəlàiz júər èkspərtíːz]
専門技術を活用する
　utilizeは「～を活用する、利用する」という意味の他動詞。同義語にuse「～を使う」やtake advantage of ~「～を利用する」がある。

□ **provide rewards** [prəváid riwɔ́ːrdz]
報酬を与える
　rewardは「報酬」という意味の名詞。動詞も同じ形で「～に報酬を与える」を意味する。
□ reward an employee　社員に報酬を与える

Boost-Up

□ **cultivate interpersonal skills** [kʌ́ltəvèit ìntərpə́ːrsənəl skilz]
対人スキルを養う
　cultivateは「～を養う、養成する」という意味の他動詞。
□ cultivation　【名】育成、耕作

□ **finely-tuned support** [fáinli túːnd səpɔ́ːrt]
きめ細かいサポート
　finely-tunedで「きめ細かい、細かく調整された」の意味。

Score-Up Booster

people are its most valuable assetのように最上級（the most ~／the ~est）が使われる文は頻出する。最上級は重要度の高さが、比較級（more ~／~er）は対比の内容が問われることが多い。

416-417

Eメール

We can ①<u>cater events</u> with as many as 300 guests. However, you should book ②<u>ahead of time</u> if you need our services ③<u>on a particular date</u>.

私たちは最大300名様までの①イベントに仕出しをすることができます。ですが、③特定の日に当社のサービスがご入用の際は、②予定より早く予約することをお勧めします。

☐ **cater an event** [kéitər ən ivént]
イベントに仕出しをする
🖉 caterは「〜に仕出しをする」という意味の他動詞。
☐ caterer[catering company]　仕出し業者

☐ **ahead of time** [əhéd əv táim]
予定より早く
🖉 ahead of 〜 で「〜より早く、〜の前に」の意味。
☐ ahead of schedule　予定より早く

☐ **on a particular date** [án ə pərtíkjulər déit]
特定の日に
🖉 particularは「特定の、格別の」という意味の形容詞。
☐ particularly　圖特に

Boost-Up

☐ **showcase a new service** [ʃóukèis ə njúː sə́ːrvis]
新しいサービスを紹介する
🖉 showcaseは「〜を紹介する、展示する」という意味の他動詞。同義語にdisplayやexhibitがある。

☐ **build a long-lasting relationship** [bíld ə lɔ́ːŋ læstiŋ riléiʃənʃip]
長く続く関係を築く
🖉 relationshipは「関係、関係性」という意味の名詞。long-lastingは「長く続く」を意味する。
☐ last　圓続く　　☐ last for a week　1週間続く

Score-Up Booster

We can cater events with as many as 300 guests.のas many asは、数の多さを強調する表現。ほかにも、as early asという表現があり、as early as next week（早くも来週に）のように「早さ」を強調する。

> 会話
>
> W: I'm looking for a ①<u>fully furnished apartment</u>.
> M: We have one in this ②<u>refurbished building</u> on John Street.
> W: I hear that that one has ③<u>poor ventilation</u>.
>
> 女性：①家具付きのアパートを探しています。
> 男性：ジョン・ストリートにある②改装された建物に1室ありますよ。
> 女性：それは③換気の悪さが問題だと聞いていますけど。

☐ **fully furnished apartment** [fúli fə́ːrniʃt əpáːrtmənt]
家具付きのアパート
🖊 furnishedは「家具付きの」という意味の形容詞。他動詞furnishには「～に家具を備え付ける」の意味がある。

☐ **refurbished building** [rìːfə́ːrbiʃt bíldiŋ]
改装された建物
🖊 refurbishedは「改装された、一新した」という意味の形容詞。
☐ refurbished kitchen　リフォームされたキッチン

☐ **poor ventilation** [púər vèntəléiʃən]
換気の悪さ
🖊 ventilationは「換気、風通し」という意味の名詞。
☐ ventilate 　他～を換気する　☐ ventilate a room　部屋の換気をする

Boost-Up

☐ **automatic adjustment** [ɔ́ːtəmætik ədʒʌ́stmənt]
自動調整
🖊 adjustmentは「調整、調節」という意味の名詞。
☐ adjust 　他～を調節する

☐ **take approximately 10 days** [téik əprάksəmətli tén déiz]
約10日かかる
🖊 approximatelyは「約、おおよそ」という意味の副詞。about（約）の同義語。

Score-Up Booster

We have one in this refurbished building on John Street.のoneは、fully furnished apartmentを指している。itとは特定のもの、oneは「ある種類の中の1つ」を指す。会話ではfully furnished apartmentの1室を指している。

Quick Check Booster 191–200

01 ☐	特定の日に **on a p--------- date**	particular
02 ☐	新しいサービスを紹介する **s------- a new service**	showcase
03 ☐	固く禁止されている **be strictly p---------**	prohibited
04 ☐	半そでシャツ **s------------ shirt**	short-sleeved
05 ☐	特注の製品 **c--------- product**	customized
06 ☐	弁護士に相談する **consult an a-------**	attorney
07 ☐	専門技術を活用する **u------ your expertise**	utilize
08 ☐	似た意見を持つ **have s------ opinions**	similar
09 ☐	お土産を選ぶ **p--- o-- a souvenir**	pick out
10 ☐	法律を順守する **o------ the law**	observe
11 ☐	予定より早く **a---- o- time**	ahead of
12 ☐	気前のよい寄付 **generous d-------**	donation
13 ☐	価値ある資産、貴重な人材 **v------- asset**	valuable
14 ☐	法律関係の文書 **l---- document**	legal
15 ☐	主導権を取る **take the i---------**	initiative
16 ☐	約10日かかる **take a------------ 10 days**	approximately

17 ☐	対人スキルを養う c-------- interpersonal skills	cultivate
18 ☐	家電 h-------- appliance	household
19 ☐	改装された建物 r---------- building	refurbished
20 ☐	オファーを断る r----- an offer	reject
21 ☐	経験不足の整備士 inexperienced m-------	mechanic
22 ☐	快適な制服 c----------- uniform	comfortable
23 ☐	きめ細かいサポート f----------- support	finely-tuned
24 ☐	間もなく始まる begin s------	shortly
25 ☐	無料のプレゼント c------------- gift	complimentary
26 ☐	長く続く関係を築く build a long-lasting r-----------	relationship
27 ☐	自動調整 automatic a---------	adjustment
28 ☐	コンセプトを受け入れる e------ the concept	embrace
29 ☐	仕様書を確認する go over s--------------	specifications
30 ☐	説得力のあるビジョンを持つ have a c--------- vision	compelling
31 ☐	報酬を与える provide r------	rewards
32 ☐	袖をまくる r--- u- your sleeves	roll up
33 ☐	壁によりかかる l--- against the wall	lean

34 ☐	簡潔な指示 s-------------- **instruction**	**straightforward**
35 ☐	イベントに仕出しをする c---- **an event**	**cater**
36 ☐	正規の販売店 a--------- **dealer**	**authorized**
37 ☐	個人の好み **personal** p---------	**preference**
38 ☐	軽食を提供する **provide** r-----------	**refreshments**
39 ☐	承認を必要とする **require** a------------	**authorization**
40 ☐	換気の悪さ **poor** v----------	**ventilation**
41 ☐	メッセージを伝える c----- **messages**	**convey**
42 ☐	ドリンクを試飲する s----- **a drink**	**sample**
43 ☐	家具付きのアパート **fully** f-------- **apartment**	**furnished**
44 ☐	細部まで行き届いた準備 m--------- **preparation**	**meticulous**
45 ☐	見込みのある候補者 **prospective** c--------	**candidate**
46 ☐	20人のメンバーで構成される c------ o- **20 members**	**consist of**
47 ☐	法律事務所 l-- **firm**	**law**
48 ☐	若者の間で人気を得る **gain** p--------- **among young people**	**popularity**
49 ☐	問題を処理する h----- **the problem**	**handle**
50 ☐	共通の特徴 **common** c--------------	**characteristics**

INDEX

● 見出しとして掲載されている単語・熟語は赤字で示されています。
● 数字はページ番号を表し、見出しとして掲載されている頁は赤字で示されています。
● 出現頻度が高い語は、代表的な意味のページ番号を掲載しています。
● 一部の学習上必要性が低い語は、掲載を割愛しています。

TOEIC® L&Rテスト
ボキャブラリーブースター

発行日：2023年4月19日（初版）

著者：早川 幸治

編集：株式会社アルク出版編集部

英文作成：Ross Tulloch

校正：Peter Branscombe、Margaret Stalker、廣友 詞子

ナレーション：Guy Perryman、Howard Colefield、Nadia Jaskiw、
Sarah Greaves、水月 優希

音声収録・編集：一般財団法人 英語教育協議会（ELEC）

カバーデザイン：戸倉 巌（有限会社トサカデザイン）

本文デザイン：Ampersand Inc.
朝日メディアインターナショナル株式会社

DTP：朝日メディアインターナショナル株式会社

印刷・製本：シナノ印刷株式会社

発行者：天野智之

発行所：株式会社アルク
〒102-0073 東京都千代田区九段北4-2-6 市ヶ谷ビル
Website：https://www.alc.co.jp/

地球人ネットワークを創る

アルクのシンボル
「地球人マーク」です。